Lernkrimi Spanisch

Die Jagd nach dem Phantom

Story: Marc Hillefeld
Übersetzung: Julio Arenas Olleta

Compact Verlag

Bisher sind in dieser Reihe erschienen:
- Compact Lernkrimi Englisch:
  Grundwortschatz, Aufbauwortschatz, Grammatik, Konversation
- Compact Lernkrimi Englisch GB/US: Grammatik, Konversation
- Compact Lernkrimi Business English: Wortschatz, Konversation
- Compact Lernkrimi Französisch:
  Grundwortschatz, Aufbauwortschatz, Konversation, Grammatik
- Compact Lernkrimi Italienisch: Grundwortschatz, Grammatik
- Compact Lernkrimi Spanisch:
  Grundwortschatz, Aufbauwortschatz, Konversation, Grammatik
- Compact Lernkrimi Deutsch: Grundwortschatz, Grammatik

In der Reihe Schüler-Lernkrimi sind erschienen:
- Compact Schüler-Lernkrimi Englisch
- Compact Schüler-Lernkrimi Französisch
- Compact Schüler-Lernkrimi Spanisch
- Compact Schüler-Lernkrimi Latein
- Compact Schüler-Lernkrimi Deutsch: Grammatik, Aufsatz
- Compact Schüler-Lernkrimi Mathematik

In der Reihe Lernthriller sind erschienen:
- Compact Lernthriller Englisch:
  Grundwortschatz, Aufbauwortschatz, Grammatik, Konversation

In der Reihe Lernstory Mystery sind erschienen:
- Compact Lernstory Mystery Englisch:
  Grundwortschatz, Aufbauwortschatz

Weitere Titel sind in Vorbereitung.

Chefredaktion: Dr. Angela Sendlinger
Redaktion: Isabella Bergmann
Fachredaktion und Organisation: mazzetti & mazzetti GmbH
Produktion: Wolfram Friedrich
Titelillustration: Karl Knospe
Typographischer Entwurf: Maria Seidel
Umschlaggestaltung: Carsten Abelbeck

ISBN-13: 978-3-8174-7415-8
ISBN-10: 3-8174-7415-6
7274155

Besuchen Sie uns im Internet: www.compactverlag.de

Vorwort

Mit dem neuen, spannenden Compact Lernkrimi können Sie Ihre Spanischkenntnisse auf schnelle und einfache Weise vertiefen, auffrischen und überprüfen.
Kommissar José García erleichtert das Sprachtraining mit Action und Humor. Er und seine mysteriösen Kriminalfälle stehen im Mittelpunkt einer zusammenhängenden Story.
Der Krimi wird auf jeder Seite durch abwechslungsreiche und kurzweilige Übungen ergänzt, die das Lernen unterhaltsam und spannend machen.
Prüfen Sie Ihr Spanisch in Lückentexten, Zuordnungs- und Übersetzungsaufgaben, in Buchstabenspielen und Kreuzworträtseln!
Ob im Bus oder in der Bahn, im Wartezimmer, zu Hause oder in der Mittagspause – das Sprachtraining im handlichen Format bietet die ideale Trainingsmöglichkeit für zwischendurch.
Schreiben Sie die Lösungen einfach ins Buch!
Die richtigen Antworten sind in einem eigenen Lösungsteil zusammengefasst.

Und nun kann die Spannung beginnen …

Viel Spaß und Erfolg!

Inhalt

Story

Kommissar García ist der beste Mann der Kriminalpolizei von Barcelona. In dieser Metropole der Kunst ist es seine Aufgabe, gestohlene Unikate wiederzufinden, dunkle Machenschaften zu ergründen und zwielichtige Gestalten dingfest zu machen.

Kommissar García hat es diesmal mit einem besonders kniffligen Fall zu tun:
Ein geheimnisvoller Dieb hat es auf die Werke eines Malers aus dem 17. Jahrhundert abgesehen. Das Rätselhafte ist nur – diese Gemälde sind völlig wertlos!
García und seine deutsche Kollegin Bea sind zunächst ratlos. Warum gibt sich das Phantom solche Mühe, kitschige Gemälde ohne Wert zu stehlen? García muss dieses Rätsel um jeden Preis lösen. Als Bea von dem Verbrecher entführt wird, zählt jede Minute. Der Kommissar wird in eine jahrhundertealte Verschwörung verwickelt, die ganz Spanien ins Chaos stürzen könnte …

Tras el ladrón de las mil caras

El comisario García observaba todo con atención. No era nada sencillo orientarse en medio de esa confusión.

Además era muy temprano y acababa de hacer un vuelo largo. No eran las mejores condiciones para concentrarse.

Bea, su ayudante alemana, también intentaba no perder detalle.

Pero la duda se reflejaba en su rostro:

-¿Está usted seguro de que la entrega va a ser aquí? -preguntó.

El comisario la miró y dijo con confianza:

-Segurísimo. Lo ha confirmado nuestro contacto en la Interpol. Además, este es el lugar ideal para una entrega discreta: está siempre lleno de visitantes y vendedores. Aquí nunca llamarían la atención dos personas que intercambian dinero y una estatuilla.

-Espero que tenga razón, comisario.

-Ya veremos -dijo García. Señalaba un puesto con el mostrador abarrotado de pescado fresco-. Y, aunque no cojamos a los ladrones, siempre podemos comprar un poco de pescado. Esta caballa tiene un aspecto delicioso.

El comisario García y su ayudante se encontraban en el mercado de pescado de Hamburgo. Alemania no es el destino habitual de un comisario español de policía.

Übung 1: Setzen Sie den richtigen Artikel ein!
***(el, la, los, las, un, una, unos, unas** oder nichts)*

ÜBUNG 1 !

Sin embargo, en (1) ______ Barcelona habían robado de (2) ______ museo y a plena luz del día una valiosa estatuilla de oro. Y las pistas lo habían conducido hasta Alemania.

Probablemente (3) ____ alemán, coleccionista fanático de (4) ____ arte, estaba detrás de (5) ____ robo. (6) ____ comisario había recibido (7) ____ encargo de (8) ____ autoridades alemanas de seguir a (9) ____ ladrón hasta Hamburgo.

A (10) ____ comisario le era de mucha ayuda poder contar con Bea, (11) ____ oficial de policía alemana que trabajaba, dentro de un programa de (12) ____ cooperación europea, desde hacía un par de meses en España.

Juntos ya habían resuelto otros casos. Entre ellos, el del Caballero Negro.

Ahora estaban en el mercado de pescado y observaban su alrededor. Según sus informaciones, la entrega de la obra de arte tendría lugar en este mismo lugar a las nueve en punto de la mañana.

Faltaba sólo un minuto para las nueve.

El comisario consultó su reloj.

-Ya va siendo la hora -murmuró-. ¿Ves tú algo sospechoso, Bea?

La joven oficial negó con la cabeza.

-Por desgracia, nada, comisario.

Era ciertamente difícil ver algo entre tanta gente.

Aunque era bastante temprano, el mercado estaba abarrotado. El olor a pescado era intenso. En algunos puestos, los vendedores anunciaban a gritos su mercancía.

-Los delincuentes pueden estar en cualquier sitio -dijo Bea.

-Es posible -respondió el comisario-, pero estoy seguro de que algún detalle los delatará. Quizás dos personas muy nerviosas ...

Übung 2: Wie lauten die weiblichen Formen?

ÜBUNG 2 !

1. el comisario de policía ____________________
2. el joven oficial de policía ____________________
3. el vendedor ____________________
4. el pescadero. ____________________
5. el hombre gordo ____________________
6. el periodista elegante ____________________

El comisario se detuvo. Miraba a un hombre corpulento que estaba solo alrededor de uno de los puestos de pescado.
-...o alguien demasiado elegante para venir a este mercado.
Hizo un movimiento con la cabeza para señalar al hombre.
Bea miró en esa dirección.
En efecto. Cerca del puesto había un hombre con un traje gris. El traje en sí no era especialmente llamativo, pero en este mercado era el único que llevaba un traje. Sencillamente, estaba fuera de lugar.
-Creo que puede ser nuestro hombre -dijo el comisario.
-¿Qué hacemos?
-Esperar -dijo el comisario-. Y probar uno de estos bocadillos. Tengo hambre y aún no hemos desayunado.
-¡Hay que mantener la línea! -replicó Bea sonriendo.

Übung 3: Unterstreichen Sie die Adjektive und die dazu gehörenden Substantive!

ÜBUNG 3 !

Pero el comisario ya se había acercado a un pequeño puesto e intentaba, con esfuerzo, pedir en alemán un bocadillo grande de salmón. Por fin lo consiguió. Y justo cuando se disponía a dar el

primer mordisco, gritó Bea: -¡Mire, comisario! Nuestro hombre tiene compañía.
Con resignación el comisario apartó el bocadillo: el desayuno tendría que esperar un poco más.
Un segundo hombre se había aproximado al individuo sospechoso del traje gris. Su ropa era más adecuada: llevaba una camisa azul a cuadros, unos vaqueros gastados y una gorra de béisbol roja. Traía en la mano una bolsa de papel marrón del tamaño de una botella grande. O de una estatuilla.
-Es nuestro hombre -susurró el comisario.

-¿Y ahora? -preguntó Bea. Estaba algo nerviosa.
-Acerquémonos un poco más. Pero con discreción.
Sin perderlos de vista, Bea y el comisario se aproximaron a los sospechosos.
Fingían ser unos visitantes del mercado. Ahora estaban sólo a unos metros de la pareja sospechosa.
Desde ahí era posible oír lo que decían:
-¿Tienes la mercancía? -preguntó el hombre gordo del traje.
-Por supuesto -respondió el de la gorra de béisbol-. ¿Tienes tú el dinero?

ÜBUNG 4 !

*Übung 4: Lesen Sie weiter und unterstreichen Sie die Formen von **ser** und **estar**!*

El hombre del traje gris asintió y sacó del bolsillo interior de la chaqueta un grueso fardo de billetes.
Al hombre de la gorra de béisbol, que era mucho más joven, se le iluminó la cara al ver el dinero.

-Está bien. Pero quiero comprobar antes que está todo en orden -exigió el gordo.
Con sumo cuidado para que no lo vieran, el comisario se acercó un par de pasos más.
El ladrón, que estaba muy tranquilo, sacó entonces una estatuilla dorada de la bolsa de papel.
El comisario abrió los ojos de par en par. ¡Ahí estaba! ¡Ésa era la estatuilla robada! Representaba a un caballero español apoyado con orgullo en una espada.
Era justo el momento que el comisario y Bea habían esperado. Estaban a un par de pasos del ladrón y del comprador. Los habían cogido con las manos en la masa.
-¡Vamos! -exclamó el comisario.
Pero Bea era más rápida que el comisario, y ya había sacado del bolsillo su identificación de policía.
-¡Policía! ¡Están ustedes detenidos! -chilló.
El hombre gordo, que era moreno, del susto estaba pálido. Se quedó paralizado. Pero el hombre de la gorra de béisbol estaba furioso. Antes de que Bea pudiera reaccionar, volvió a meter la estatuilla en la bolsa. Luego agarró un pescado enorme del mostrador de al lado. Manejaba el pescado como si fuera un arma, y le propinó a Bea un buen golpe en la mejilla. La oficial, más por la sorpresa que por el golpe en sí, retrocedió unos pasos.
-¡Bea! -gritó el comisario-, ¿estás herida?

-No, no pasa nada -respondió Bea-, pero el tipo se escapa. ¡Y se lleva la estatuilla!
El ladrón huía abriéndose paso entre la multitud.
-¡A éste ya lo tenemos! -exclamó el comisario.
Sacó un par de esposas del bolsillo. Antes de que el hombre gordo del traje pudiera protestar, García lo encadenó a uno de los puestos.

Ahora mismo nuestros colegas se encargan de ti, amiguito -dijo García. Y siguió a Bea, que había salido ya tras el ladrón.

ÜBUNG 5 !

Übung 5: Wie lautet das Gegenteil?

1. El hombre está cerca del puesto.

2. La estatuilla está dentro de la bolsa.

3. Bea sale del mercado.

4. Bea corre tras el ladrón.

5. El pescado está encima del mostrador.

6. Hay un hombre delante del banco.

Además de un ladrón hábil, el hombre de la gorra de béisbol era también un buen corredor.
A pesar de que el fugitivo tenía que cargar con la estatuilla (que sin duda era pesada), Bea, que estaba en buena forma, apenas podía seguirlo.
Mientras corría, Bea volvió un momento la vista atrás.

Todo en orden: el comisario la seguía. Él no estaba en absoluto en la forma física de la joven oficial alemana, pero se esforzaba.
Jadeando como una locomotora, intentaba no quedarse atrás.
Bea volvió a mirar hacia delante. El ladrón se dirigía ahora hacia el casco antiguo de Hamburgo.
Bea había nacido aquí y conocía muy bien la ciudad. Tenía una idea.

Übung 6: Setzen Sie ein ***ser*** *oder* ***estar****!*

1. Bea ____ una joven oficial de policía.
2. Aunque vive en Barcelona, Bea ____ alemana.
3. El mercado de Hamburgo ______ lleno de gente.
4. Hamburgo ______ una ciudad alemana.
5. Hamburgo _______ al Norte de Alemania.
6. Bea ____ la ayudante del comisario García.
7. Bea ____ en Hamburgo, porque busca allí una estatuilla robada.
8. A pesar del golpe, Bea no ____ herida.

-No lo pierda de vista -gritó al comisario, que venía detrás.
-Lo intentaré -respondió, como pudo, el comisario-. Pero tú eres más rápida.
-Por desgracia no tanto como el ladrón -pensó Bea. Entonces se detuvo. El comisario casi tropieza del susto.
¿Por qué abandona Bea la persecución?
Ahora la oficial había comenzado de nuevo a correr, pero hacia otra dirección.
-¿Qué te pasa? -dijo el comisario-, ¿no puedes más?

Bea no respondió. Siguió corriendo y desapareció.
El comisario no entendía nada de nada. Pero ahora no había tiempo de hacerse preguntas. El ladrón se escapaba.
Con un gran esfuerzo, el comisario se lanzó tras el fugitivo. Pero era simplemente imposible acortar la distancia.
Sin embargo el comisario no se daba fácilmente por vencido. Siguió corriendo tras el tipo.
Un par de transeúntes se pararon sorprendidos ante la escena.
-¡Policía! -gritó el comisario-. ¡Cojan a ese hombre! -les chilló.
Con los nervios, el comisario no se había dado cuenta de que les había hablado en español. Y ahora estaba muy ocupado para acordarse de cómo se dice en alemán ¡Coged al ladrón!
El fugitivo se dirigía hacia un puente que atravesaba uno de los canales de Hamburgo. El comisario se percató ahora de que estaban en el antiguo núcleo urbano.
La verdad es que tenía ganas de visitar la ciudad. Pero ahora no era el momento apropiado para ver lugares de interés histórico. Un barco de turismo atravesaba suavemente el canal.

ÜBUNG 7 !

Übung 7: Unterstreichen Sie die Ortspräpositionen!

El fugitivo empezó a cruzar el puente. Si el comisario hubiera visto la cara del ladrón, hubiera visto una sonrisita de triunfo.
De pronto, el fugitivo dejó de sonreír.
Otra figura había surgido al otro lado del puente.
Era Bea.
La joven de Hamburgo conocía la ciudad mucho mejor y había tomado un atajo para cruzar el canal por otro puente.
Se precipitó hacia el ladrón. El hombre de la gorra de béisbol estaba en una ratonera. De frente estaba Bea. Por el otro lado, el comisario.
Los dos venían hacia él.

Durante un segundo se quedó paralizado.
¿Renunciar y entregarse a la policía?
Eso es lo que esperaba el comisario. Pero aún le esperaba una sorpresa.
El ladrón miró a su alrededor. Ahí estaba el barco turístico: pasaba en ese mismo instante por debajo del puente.
El ladrón vaciló un momento. Luego, desapareció tras la barandilla del puente.

-¡Alto! -gritó el comisario.
Demasiado tarde.
El ladrón cayó con agilidad en la cubierta del barco. Un par de pasajeros, que sólo querían disfrutar de las vistas a la ciudad, se quedaron boquiabiertos.
Bea y el comisario se encontraron en medio del puente.
Miraban al barco que pasaba por debajo de ellos.
-¡Maldición! -dijo García, todavía sin aliento-. ¿Qué hacemos ahora?
-Si él puede, yo también puedo -dijo Bea.
Un segundo después había desaparecido también tras la barandilla del puente. Un momento en el aire, y aterrizó sin problemas a bordo del barco.
-Ahora no se me escapa -dijo.

El comisario observaba todo desde el puente.
Bea era su ayudante, pero el caso se lo habían asignado a él. No podía permitir que la muchacha hiciera todo el trabajo.
El comisario observó cómo el barco, que por suerte era bastante alargado, estaba a punto de pasar completamente el puente.
Si quería saltar, tenía que ser ahora. Tomó aire. Y saltó de la barandilla.

Durante apenas un segundo el comisario estuvo suspendido en el aire. Por suerte el puente no era muy grande. Sin embargo, al comisario le pareció que la caída duraba una eternidad.

ÜBUNG 8

Übung 8: Setzen Sie die folgenden Wörtern in die Lücken ein!
(izquierdo, talones, pero, años, soy, estrellas, dura)

Tal y como había aprendido hacía mucho tiempo en sus (1)__________ de formación, al caer juntó los (2)__________ y se dejó rodar por la cubierta.

La caída fue, a pesar de todo, tan (3)__________, que el comisario vio (4)__________. Bea se volvió sorprendida:

-¡Comisario! ¿Está loco? ¿A sus años? ... se podría haber desnucado.

-Tampoco (5)__________ tan mayor -protestó el comisario.

Le dolía un poco el tobillo (6)__________, (7)__________ por lo demás había salido sano de la aventura .

-Ahora tenemos que atrapar al ladrón, luego puedes regañarme todo lo que quieras -dijo el comisario. Bea asintió. Entraron juntos en la cabina.

Era relativamente grande y estaba acristalada. De este modo se podía disfrutar del viaje por el puerto también con la típica lluvia de Hamburgo. El comisario y Bea no estaban aquí para divertirse. Atravesaron la cabina. Los demás pasajeros los miraban sorprendidos y un poco asustados.

Un niño se volvió con miedo hacia su madre.
-¿Son piratas, mamá? -le preguntó.
-No tengas miedo, chaval -le dijo el comisario cuando pasó por su lado-. Nosotros somos los buenos de la película.

Übung 9: Setzen Sie die folgenden Ausdrücke in den Plural!

1. su ayudante ____________________
2. la muchacha alemana ____________________
3. el barco muy alargado ____________________
4. el puente sobre el canal ____________________
5. la eternidad ____________________
6. la formación ____________________
7. el ladrón rápido ____________________
8. el pirata ____________________

Llegaron a la parte externa de la cabina. Ahora estaban cara a cara con el fugitivo. No había dónde huir.
-Amiguito, queda detenido -dijo el comisario.
El ladrón no había contado con unos perseguidores tan constantes. Dejó la bolsa con la estatuilla robada en el suelo y puso las manos en alto.
-En fin, han ganado -susurró-. Me rindo.
El comisario le puso las esposas.
Los pasajeros comenzaron a aplaudir.

*Übung 10: Setzen Sie die richtigen Formen von **tener** ein!*

Unos minutos más tarde atracaba el barco.

Un coche de policía estaba esperando en la orilla para encargarse del detenido.

-¡Enhorabuena por la captura! -le dijo al comisario uno de los colegas alemanes mientras le estrechaba la mano-. Este tipo (1. él)______ una orden de arresto internacional desde hace meses.

El comisario García estrechaba la mano de su compañero y sonreía satisfecho.

-Sin mi colega nunca lo hubiera capturado. A ella (2. vosotros) ______ que darle la enhorabuena -dijo el comisario señalando a Bea, que se puso colorada.

-¿En qué empleamos el resto del día? -preguntó la joven alemana-. (3. nosotros) ______ el caso resuelto y todavía es temprano.

El comisario García sonrió.

-Entonces (4. tú) ______ que enseñarme la ciudad. Por lo que he visto, la conoces como nadie.

-Será un placer -respondió Bea.

El timbre de un teléfono les interrumpió.
El comisario sacó del bolsillo de la chaqueta su móvil.
-Perdona, Bea -dijo. Y respondió a la llamada-. ¿Dígame? Sí, soy el comisario García ...

Bea miraba al comisario con curiosidad. García asentía mientras hablaba por teléfono.
-Ya entiendo. Vamos de camino -dijo al acabar la conversación.
Apagó el móvil y miró un poco decepcionado a Bea.
-Lo siento, pero temo que tendremos que dejar el paseo por la ciudad para otro momento.
-¿Qué ha pasado? -preguntó Bea, que ya se imaginaba la respuesta.
-Nos espera trabajo -dijo el comisario haciendo un gesto de resignación con los hombros.
-¿Volvemos a Barcelona?
El comisario García era un especialista en delitos relacionados con obras de arte.
Su ámbito de trabajo habitual era Barcelona, donde también Bea vivía y trabajaba.
-No exactamente -dijo el comisario-. ¿Has estado alguna vez en Madrid?

Übung 11: Übersetzen Sie und enträtseln Sie das Lösungswort!

1. Handy □ _ _ _ _
2. Jacke _ _ □ _ _ _ _ _
3. enttäuscht □ _ _ _ _ _ _ _ _ _ _ _
4. Kunst _ □ _ _
5. wohnen/leben _ _ _ □ _
6. Stadt _ _ _ □ _ _

Lösungswort: _ _ _ _ _ _

Al despegar en Hamburgo, el tiempo era frío y lluvioso.
Cuando unas horas después, en el aeropuerto de Madrid, los dos policías bajaron del avión, sintieron una bofetada de calor.
-¡Qué calor! Aquí estamos a 10 ó 15 grados más de temperatura que en Hamburgo.
Se quitó el jersey que había llevado puesto durante el vuelo.
El comisario sonreía.
-La verdad, prefiero el calor al frío y a la lluvia constante que tenéis en Alemania. ¿Cómo podéis soportarlo?
-Uno se acostumbra -respondió Bea-. Ahora explíqueme por qué hemos ido a Madrid. En principio Madrid está fuera de nuestra competencia.

ÜBUNG 12 !

Übung 12: Bilden Sie Sätze nach dem Muster!

El comisario: frío – / calor + → *El comisario prefiere el calor al frío.*

1. Bea: frío + / calor –

2. Comisario: vino + / cerveza –

3. Bea: vino – / cerveza +

4. Comisario: té – / café +

5. Bea: té + / café –

El comisario y Bea estaban tan cansados de su aventura en Hamburgo que habían pasado la mayor parte del vuelo durmiendo.
Por eso el comisario no había tenido tiempo de explicar a Bea los motivos del viaje.
-En realidad es sólo un caso rutinario -explicó el comisario-. Se trata de un atraco en una galería de arte. Para ser exactos, de varios atracos en varias galerías de arte. Como la policía de Madrid no tiene un departamento propio para este tipo de robos, ha tenido que recurrir a nosotros.
-Ya entiendo -dijo Bea, mientras el comisario le abría la puerta de un taxi.

*Übung 13: Unterstreichen Sie die Verben im **indefinido!***

Se montaron en el taxi.
-¿Adónde vamos? -preguntó de buen humor el taxista.
El comisario sacó un papel y lo leyó. Había apuntado ahí la dirección de la galería de arte tras la llamada de Hamburgo.
-¿Conoce la galería de arte que está en la calle Segovia? -preguntó el comisario.
-Sí, claro -respondió el taxista-, en el Madrid de los Austrias.

El comisario notó la cara un poco asombrada de Bea.
-¿Qué pasa? -preguntó la oficial alemana-. ¿Hay acaso más de un Madrid?
-Sí y no -respondió el comisario, preparándose para dar una explicación.

Bea se lamentó de haber planteado esa pregunta. Al comisario le encantaba dar explicaciones larguísimas sobre la historia de los lugares.
-Verás, el casco antiguo de Madrid se divide en el "Madrid de los Austrias" y el "Madrid de los Borbones". Se llaman así por las dos casas reales que ha tenido España, los Austrias y los Borbones. El Madrid de los Austrias, más antiguo, es famoso por sus palacetes, iglesias y conventos. La mayoría se levantó en tiempo de Felipe II, de la casa de Habsburgo, que reinó la segunda mitad del siglo XVI. ¿No es así? -preguntó al taxista.
-Sí, sí. Además, fue Felipe II el que hizo de Madrid la capital de España, porque estaba en el centro del reino. Para ser exactos, eso fue en el año 1561.
-¡Sí que conocen aquí la historia de España! -exclamó Bea.
El taxista se echó a reír:
-No hay de que asombrarse -dijo-. Yo estudié la carrera de Historia en la universidad-. Ya sabe, el tópico del taxista intelectual. La verdad es que no hay mucho trabajo como historiador. Es una pena. Pero bueno, da igual, así por lo menos puedo contarles a los viajeros de otros países cosas de la ciudad. Y suelen dejar así más propina . . .

Übung 14: Welcher Satz ist richtig? Kreuzen Sie an!

1. Das Madrid de los Austrias ist älter als das Madrid de los Borbones.
   a) ☐ El Madrid de los Austrias es más antiguo del Madrid de los Borbones.
   b) ☐ El Madrid de los Austrias es el más antiguo que el Madrid de los Borbones.
   c) ☐ El Madrid de los Austrias es más antiguo que el Madrid de los Borbones.
2. Die Paläste wurden während der Regierungszeit von König Philipp II. errichtet.
   a) ☐ Los palacios se edificaron cuando el Reinado de Felipe II.
   b) ☐ Los palacios se edificaron durante el Reinado de Felipe II.
   c) ☐ Los palacios se edificaron mientras el Reinado de Felipe II.
3. König Philipp II. regierte in der zweiten Hälfte des 16. Jahrhunderts.
   a) ☐ Philipp II reinó en la segunda mitad del siglo XVI.
   b) ☐ Felipe II reinó en la segunda parte del siglo XVI.
   c) ☐ Felipe II reinó en la segunda mitad en el siglo XVI.
4. Philipp II. machte damals Madrid zur Hauptstadt von Spanien.
   a) ☐ Felipe II hacía de Madrid la capital de España.
   b) ☐ Felipe II hizo de Madrid la capital de España.
   c) ☐ Felipe II hizo en aquel tiempo de Madrid la capital de España.

Übung 15: Unterstreichen Sie die Verben im ***pretérito perfecto!***

El coche pasó por una llamativa catedral.

-Y ésta es la catedral de Nuestra Señora de la Almudena. Aunque la consagró el Papa hace unos años, aún no se han terminado del todo las obras . . .

-¡Está bien! -dijo Bea riendo-. Se ha ganado usted una buena propina. Por mí, ya tengo suficiente con las conferencias de arte del comisario.

-¿Tan aburrido te ha parecido, Bea? -preguntó el comisario.

La joven oficial negó con la cabeza.

-Bueno, siempre es instructivo, pero a veces exagera usted un poco, comisario.

Antes de que el comisario pudiera defenderse, paró el taxista el coche a un lado de la calle.

-Hemos llegado. La galería Lorenzo. Dios mío, aquí ha habido movimiento. Está lleno de coches de policía -dijo sorprendido.

-Son compañeros de trabajo -explicó el comisario-. ¿Me dice cuánto le debemos?

El conductor miró el taxímetro.

-Son 17 euros y 50 céntimos -dijo.

El comisario buscó en su maletín.

-No se olvide de la propina. Que sea generosa -le dijo por lo bajo Bea.

-Claro. Aquí tiene: 20 euros. Quédese con el cambio.

-Gracias, señor. Muy amable.

Tras despedirse, Bea y el comisario se bajaron del taxi.

Dentro del coche, con el aire acondicionado, Bea no se había dado cuenta del calor que hacía en Madrid.

Al acercarse a la entrada de la galería, un joven policía les cortó el paso.
-Lo siento mucho, pero no pueden pasar. La galería está, hasta nueva orden, cerrada al público. Estamos llevando a cabo una investigación.
El comisario García sacó su identificación del bolsillo.
-Y nosotros también -se limitó a decir.
El joven policía se cuadró.
-Le ruego que me disculpe. Yo no podía saberlo de ningún modo. Pueden pasar. Los compañeros de identificación de huellas dactilares están todavía dentro de la galería.
García le dio las gracias por la información. Después quiso ayudar a Bea a pasar las vallas que la policía había puesto para precintar la galería.
-Gracias, comisario -dijo Bea-, pero ya puedo hacerlo yo sola.
Y de un salto pasó la barrera.

Übung 16: Wie lauten die Formen im Präsens?

1. Al comisario le ______________ (doler) una pierna tras la caída del puente.
2. Bea y el comisario ______________ (dormir) en el avión que los trae a Madrid.
3. El taxista ______________ (soñar) con ser profesor de Historia.
4. La galería Lorenzo ______________ (encontrarse) en el Madrid de los Austrias.

5. ¿ ________ (acordarse) vosotros de cuándo se consagró La Almudena?

6. Los dos policías no ______ (poder) pasar a la galería.

Después tuvo que ayudar al comisario desde el otro lado a pasar la valla.
En los últimos meses había engordado un poco y tenía algunas dificultades para saltarla.
-Va siendo tiempo de ponerse a régimen, comisario -dijo Bea.
-¡Qué va! -protestó el comisario-. Sólo estoy un poco cansado todavía por el vuelo. Y ya no soy ningún cachorro como tú.
Subieron juntos los dos escalones a la puerta de la galería.

ÜBUNG 17 !

Übung 17: Setzen Sie die fehlenden Wörter ein!
(rápidamente, apenas, muy, en persona, ya, especialmente, absolutamente)

Cuando el comisario García y Bea cntraron en la galería, sus compañeros estaban guardando los equipos de trabajo.

-¿Está (1) ________________ terminado el trabajo? -preguntó el comisario mientras mostraba el carné de policía. Madrid no era su ciudad, y los otros policías no tenían por qué conocerlo.

-¡Ah!, ¡nuestro compañero de Barcelona! -dijo un hombre muy alto, moreno y con perilla. Estaba recogiendo (2) ________________ un maletín con las herramientas que se utilizan para identificar huellas dactilares.

-Encantado de conocerlo, comisario García. Es una suerte que usted se encargue de este caso. Para este tipo de asuntos, dependemos (3) ________________ de ustedes. (4) ________________ nos queda en Madrid poco tiempo para ocuparnos del robo de un par de cuadros mediocres. Por cierto, me llamo Cervantes.

-¡Anda!, ¿cómo el escritor? -preguntó Bea mientras le estrechaba la mano.

-Eso es. Pero yo no soy manco.

El comisario miraba (5) ________________ pensativo a Cervantes.

-¿Qué quiere decir con "cuadros mediocres"?

-La verdad es que no soy un experto en arte. Pero don Lorenzo, el propietario de la galería, ha dicho que el cuadro robado no era (6) ________________ valioso. Pero lo mejor es que hablen ustedes con él (7) ________________.

El policía señaló a un hombre bajito con traje que estaba en una esquina. Parecía desolado.

-Ése es don Lorenzo. Yo me tengo que ir. Que tenga un buen día, comisario -dijo. Y dirigiéndose a Bea, se despidió de ella.

-Adiós, señorita.

El comisario, tras despedirse de Cervantes, se acercó al señor bajito.

Übung 18: Setzen Sie die entsprechenden Pronomen der ***Usted-*** *Formen ein!*

-Buenas tardes, ¿es (1. sujeto) __________ don Lorenzo? -preguntó el comisario-. Permítame que me presente. Soy el comisario García, y ésta es mi compañera, Bea Schramm. Viene de Alemania. Nos ocuparemos de este caso.

-Encantado de conocer (2. objeto directo) __________, comisario. Es un placer conocer (3. objeto directo) __________, señorita Schramm. Espero que puedan (4. sujeto) __________ resolver este caso pronto.

-Haremos todo lo que esté en nuestras manos -aseguró García-. ¿Qué es lo que (5. objeto indirecto) __________ han robado exactamente?

-Bueno, sólo un paisaje de un pintor regular del siglo XVIII. Un tal Miguel Fuente.

El comisario se quedó un momento pensativo. Después dijo:

-Nunca he oído hablar de él.

Bea frunció el ceño.

Si el comisario no conocía el nombre, ese pintor era de verdad un desconocido.

(6. objeto indirecto) __________ creo, comisario -afirmó el dueño de la galería-. Como (7. objeto indirecto) __________ he dicho, no

es conocido y sus cuadros son bastante regulares. La mayor parte de su obra son paisajes que durante un tiempo estuvieron de moda en la corte. Pero pasó rápido al olvido. Con razón.

-Entonces no entiendo por qué han robado uno de sus cuadros -dijo el comisario.
-Es un misterio para mí también -aseguró don Lorenzo-. Tengo en la galería obras de arte verdaderamente valiosas. El cuadro de Fuente lo había colgado sólo para cubrir un hueco vacío en la pared al lado del cuarto de baño. Pensé que un Fuente era mejor que una pared blanca. Quizá el ladrón se llevó el primer cuadro que vio.
-Es posible ... -dijo el comisario-, pero muy improbable. Su galería cuenta con un buen sistema de seguridad, ¿verdad?

Übung 19: Welches Wort ist das „schwarze Schaf"? Unterstreichen Sie!

ÜBUNG 19 !

1. triste, miserable, desolado, contento
2. desconocido, ignorado, famoso, olvidado
3. lo, para, que, cuando
4. bien, bueno, malo, regular
5. salir, entrar, ser, ir
6. dormir, reír, salir, comer
7. azul, botella, velas, copa

El propietario afirmó enérgicamente con la cabeza.
-¡Por supuesto! La galería dispone de los sistemas de alarma más avanzados. El ladrón era un profesional. No me he dado cuenta del robo hasta esta mañana, al abrir el local.
-Lo suponía -afirmó el comisario-. Y quien se esfuerza de ese modo

para asaltar una galería de arte sabe de antemano lo que quiere. No, no, el ladrón buscaba exactamente ese cuadro.
-Pero, ese cuadro precisamente ... ¿por qué? -preguntó Bea.
-Eso es lo que tenemos que averiguar -afirmó García.

ÜBUNG 20 !

Übung 20: Ersetzen Sie das Substantiv durch ein Pronomen!

1. Alguien ha robado **el cuadro** de una galería.

2. Han asignado el caso del robo **a Bea y al comisario.**

3. Tengo en la galería **las obras de arte.**

4. He colgado **el cuadro de Fuente** para tapar el hueco de la pared.

5. He colgado el cuadro de Fuente para tapar **el hueco de la pared**.

6. Nadie conoce hoy en día **la obra de Fuente.**

-¿ Algún problema? -preguntó el policía, sonriendo, a Bea.
-No, ¡qué va! Muchas gracias -respondió la oficial de policía-. El programa informático con el que trabajamos en Barcelona es muy parecido.
-Estupendo. Si me necesita, dígamelo. Yo me siento justo al lado.

El policía señalaba una de las mesas de la oficina de la comisaría central de policía.
-Así lo haré. Muchas gracias -dijo otra vez Bea.
El comisario estaba detrás de ella, y se reía discretamente.

Übung 21: Bilden Sie Adverbien mit ***-mente!*** *(Achten Sie auf die* ***Akzente!****)*

1. discreto ____________
2. rápido ____________
3. exacto ____________
4. frío ____________
5. seguro ____________
6. cómodo ____________
7. enérgico ____________

-A ese chico le gustas, Bea -susurró el comisario a Bea, cuando el muchacho ya no podía oírlo.
-¡Tonterías!
Bea negó con la cabeza y se volvió a concentrar en el monitor del ordenador.
A través del ordenador tenía acceso a todos los archivos de la base de datos de la policía.
El comisario también volvió a ocuparse de su trabajo ...
-Me alegro de poder contar contigo -dijo el comisario-. No tengo ni idea de cómo funcionan estos cacharros. Mi superior en Barcelona

me ha puesto un ordenador sobre la mesa, pero todavía no he conseguido averiguar cómo hay que ponerlo en marcha.

Übung 22: Setzen Sie die fehlenden ***Akzente*** *ein!*

-Ya lo se -dijo Bea-. Usted debe de ser el unico policia de toda España, bueno, de toda Europa, que utiliza la maquina de escribir para redactar los informes.
-¿Y que? Si no se puede borrar inmediatamente cada palabra que uno escribe, se piensa un poco mas antes de teclearla. Pero lo admito, para las investigaciones los ordenadores de hoy en dia son infalibles.
-Tiene razon -asintio Bea. Luego pincho con el raton uno de los iconos de la pantalla. Unos segundos despues, aparecia un listado.

-Aquí lo tenemos ya. Todos los cuadros cuyo robo ha sido denunciado en los últimos tres meses.
El comisario miró la pantalla. Había cuatro denuncias registradas en los últimos días.
-Bueno, no está nada mal. No se suelen robar muchos cuadros. Es muy difícil para los ladrones venderlos después. Así que cuatro robos en tres meses es una buena media.
-Y esto no es todo, comisario -dijo Bea. Señalaba con un lápiz un punto del monitor.
-Observe los cuadros que han robado.
-¿A qué te refieres? -preguntó el comisario. Miró la pantalla despacio y lo comprendió ...
Los cuatro lienzos robados tenían una cosa en común ... ¡Eran todos de Miguel Fuente!
-Esto es rarísimo -susurró el comisario-. ¿Por qué está un criminal empeñado en robar los cuadros de un pintor mediocre? No tienen ningún valor.

-Bueno, comisario -dijo Bea con una sonrisita-, como usted mismo ha dicho: averiguarlo es nuestra misión.

Übung 23: Unterstreichen Sie die Verben in der Vergangenheitsform ***(pretérito indefinido: comí; pretérito perfecto: he comido, y pretérito imperfecto: comía)*** *und ordnen Sie danach zu!*

Bea estaba a gusto. Aquí, en la Biblioteca Nacional, había un frescor muy agradable.
De fondo, se oía el suave rumor del aire acondicionado.
La joven oficial se acercó al comisario, que seguía en su lugar de lectura, enfrascado en un libro.
Bea tuvo que reírse. Estaba segura de que el comisario García disfrutaba mucho de esta parte de la investigación.
-¿Ha encontrado algo? -preguntó, en voz baja, Bea.
García la miró un segundo.
-He leído mucho, y ya he dado con algún dato -dijo el comisario-. Miguel Fuente, el autor de los cuadros robados, no fue un pintor importante en su época. Tuvo la suerte de vivir en un tiempo en el que se protegieron mucho las Bellas Artes en España.

comí ....

....

he comido ....

comía ....

....

El comisario hizo un gesto a Bea para que se sentara en una silla libre a su lado. Bea suspiró. Sabía lo que le tocaba ahora. Otra lección de historia del arte.

A pesar de todo, se sentó al lado del comisario. Nunca se sabe lo suficiente, pensó.

El comisario continuó en voz baja.

-Tras el final de la Guerra de Sucesión al trono, el nuevo rey, Felipe V de Borbón, intentó modernizar el país. Bajo su protección se crearon academias tan importantes como la Real Academia Española de la Lengua, en 1714; la Real Academia de Historia, en 1738, o la Academia de Bellas Artes de San Fernando, en 1744.

-En este tiempo -continuó el comisario-, además, el castellano se convirtió en la lengua nacional y de la administración del Estado.

-¿Qué tiene todo esto que ver con nuestro caso? -preguntó Bea algo impaciente.

-Quizá mucho, quizá nada. De cualquier modo, nuestro artista fue afortunado, al trabajar en un tiempo en el que el estado promovía la pintura. A lo que contribuyó que la mismísima Reina Isabel de Farnesio comprara muchos de sus cuadros. Aquí están reproducidas un par de pinturas de Fuente.

El comisario acercó a Bea un grueso tomo y señaló con el dedo una de las ilustraciones. Bea la miró.

ÜBUNG 24 !

*Übung 24: Setzen Sie **muy** oder **mucho** ein!*

El cuadro representaba un idílico paisaje español, con montes verdes y un cielo (1)_____ azul.

-Es (2)_____ bonito -dijo Bea.

-Ya, es (3)_____ bonito -asintió el comisario-. Pero sólo eso. La técnica de Fuente no es (4)______ buena. El paisaje está pintado con (5)______ detalle. Seguro que se trata de una merienda campestre de los reyes, o algo así. ¿Colgarías tú un cuadro tan aburrido en el salón de tu casa?

Bea no pudo evitar reírse.

-Por desgracia yo no puedo colgar (6)______ cuadros: no tengo salón, sino un cuartito de estar (7)______ pequeño. Pero está en lo cierto: si fuera la Reina de España, y pudiera comprarme cualquier cuadro que me gustara, encontraría seguramente (8)______ cuadros mejores.

-Exactamente -afirmó el comisario y cerró el libro.

-Y sin embargo Fuente fue un protegido de la Reina. Sencillamente, me cuesta (9) ______ entender por qué. Y aún entiendo menos por qué Fuente de repente es el objetivo de un ladrón de arte.

Bea se rascaba la cabeza.

-Yo tampoco puedo entenderlo. Ni idea. Pero acabamos de empezar la investigación. ¿Qué tal si nos tomamos el resto de la tarde libre? El viaje ha sido largo y ni siquiera hemos buscado un hotel para dormir.

El comisario García asintió.

-Muy buena idea, Bea. Yo, además, todavía no he comido bien. Vamos a buscar un hotel, pero antes, ¿nos tomamos unas tapas en algún bar?

El comisario García y Bea se bajaron en el metro de Latina. El comisario necesitó un par de segundos para orientarse.

-¿Por dónde vamos ahora?

-Un momento ... -respondió García-. La última vez que estuve en Madrid fue hace dos años.

Por fin se situó. Miraba hacia todos los sitios.
-Si aún puedes aguantar el hambre, Bea, te propondría una cosilla . . .
-¿Qué?
-Aquí al lado está el Rastro. Es el mercadillo más conocido de la ciudad. Yo estuve allí hace un par de años. De verdad: hay de todo.
Bea se reía. Siempre estaba dispuesta a visitar un mercado de objetos viejos.

! ÜBUNG 25

Übung 25: Ordnen Sie die Wörter zu einem sinnvollen Satz!

1. en – estuve – hace – Madrid – años – dos

   ____ .

2. ¿estado – vez – el Rastro – en – has – alguna?

   ____ .

3. tres – Barcelona – desde – años – vivo – en – hace

   ____ .

4. no – Madrid – que – vengo – era – pequeño – desde – a

   ____ .

5. espero – desde – te – las tres

   ____ .

6. un trabajo – tengo – agosto – nuevo – desde

   ____ .

7. hace – espero – dos – te – horas – desde

   ____ .

-Entonces, vamos -gritó-. Pero hacemos una parada para tomar un trago, ¿verdad?

Apenas un segundo más tarde, el comisario y Bea estaban en medio del gentío.

El mercadillo se extendía a través de una calle muy estrecha, la Ribera de Curtidores.

El comisario no había exagerado. Había de todo: antigüedades valiosas, baratijas, ropa usada, joyas, libros, mascotas ...

Además, los anticuarios y galerías de arte abrían sus puertas directamente al Rastro.

El comisario estaba entusiasmado. Bea tenía que arrastrar a su superior, que se quedaba horas enfrente de los escaparates de antigüedades.

-Es usted peor que una mujer buscando un nuevo par de zapatos -se reía Bea.

El comisario García se puso un poco rojo.

-Perdona, Bea. Pero ya sabes que la búsqueda de obras de arte no es sólo mi trabajo, sino también mi pasión. A pesar de aquí todo se vende de modo legal ... eso espero.

Übung 26: Formen Sie nach dem Muster um!

Este cuadro me pertenece. → *Es mi cuadro.*

1. El arte es la pasión del comisario.

   El arte es ______________ pasión.

2. Es el bolso de Bea.

   Es ______________ bolso.

3. Ese lápiz te pertenece.

Es ______________ lápiz.

4. Este sombrero es de usted.

Es ______________ sombrero.

5. La tarea es de vosotros.

Es ______________ tarea.

6. La responsabilidad es de Luis.

Es ______________ responsabilidad.

7. La casa no nos pertenece.

No es ______________ casa.

Era un secreto a voces que muchas de las tiendas del rastro ofrecían también obras robadas.

Había muchos propietarios de galerías que nunca preguntaban por el origen de las obras que compraban.

No era extraño que el coleccionista de arte que había comprado una obra robada encontrara, tras ser víctima de un robo, esa misma obra en el escaparate de otra galería.

El propietario podía afirmar una y otra vez que él había comprado esa obra en el mercado legal, pero era muy difícil demostrar algo en estos casos.

A pesar de todo, la gran mayoría de dueños de galerías de arte era gente honrada.

Bea siguió andando y se paró fascinada ante una estatuilla de un ángel que estaba puesta a la venta en uno de los comercios.

El vendedor del puestecito se dio cuenta del interés de Bea.

-Veo que tiene usted buen ojo, señorita -dijo. Ésta es una pieza extraordinaria del siglo XVII.
Bea respondió amablemente y con una sonrisa:
-Muchas gracias, pero sólo quería echar un vistazo.

Übung 27: Von welchem Substantiv sind diese Wörter abgeleitet?

1. escobazo: ....
2. estatuilla: ....
3. señorita: ....
4. pueblecito: ....
5. poquito: ....
6. vistazo: ....
7. puestecito: ....

El comerciante respondió también sonriendo:
-Por supuesto. Mire usted lo que quiera, con toda tranquilidad. En caso de que se decida usted por esta pieza única, se la dejaría a un precio especial. Sólo 200 euros.
El comisario García se acercó a Bea y le dijo al oído:
-He visto la misma figurilla tres puestos más adelante por 20 euros. Es sólo una vulgar falsificación.
Bea volvió a dejar la estatuilla en su lugar.
-Quizá la próxima vez -dijo.
-Seguro. Será para mí un placer.
El comisario y Bea avanzaron un poco más.
-Gracias por la advertencia, comisario -dijo Bea-. Casi muerdo el

anzuelo. Aquí hay que tener cuidado. A veces es muy práctico tener cerca un experto en arte ... ¡Comisario! ¿Qué le pasa?
El comisario García se había quedado atrás, paralizado ante el escaparate de una galería. Bea se acercó a él.
-¿Comisario? -volvió a llamarlo-. ¿Está todo bien?
-¡Qué casualidad! -murmuró García mientras señalaba un cuadro del escaparate-. ¡Mira ahí! ¡Ese cuadro!
Era un lienzo de un paisaje primaveral. Al fondo se veía un grupo de gente que preparaba una merienda en el campo.
-¿Y qué? -preguntó Bea. Miraba hacia el cuadro-. ¿Le parece ese paisaje tan impresionante? A mí me gusta más aquel de allí, el retrato. Ese paisaje lo encuentro bastante corriente, la verdad.
-Yo también -dijo el comisario-. Pero mira el cuadro más despacio. ¿Reconoces el estilo de ese pintor ...? Es un Fuente.

! ÜBUNG 28

*Übung 28: Ergänzen Sie die Fragen und benutzen Sie dabei **este/esta, ese/esa** oder **aquel/aquella**!*

1. Ahí hay un cuadro.

   ¿De quién es ______________ cuadro?

2. Me gusta el retrato de allí.

   ¿Te gusta a ti ______________ retrato?

3. Aquí está la tienda de antigüedades.

   ¿Cómo se llama ______________ tienda?

4. Aquí hay un mercadillo donde encuentras de todo.

   ¿Es ______________ mercadillo El Rastro?

5. Allí hay un hombre sospechoso

   ¿Es ______________ hombre un ladrón?

6. Aquí hay muchos puestos donde se venden obras de arte.

   ¿Son todos ______________ puestos legales?

El comisario y Bea entraron en la galería.
Hacía un calor espantoso dentro de la pequeña tienda. Eso fue lo primero que les llamó la atención.
El comisario echó un vistazo a su alrededor. Poco después un hombre, elegantemente vestido, salió de la trastienda. Tenía la frente cubierta de sudor.
-Buena tardes, caballero, señorita -saludó amablemente-. ¿Puedo ayudarles en algo? Les ruego disculpen el calor que hace aquí dentro, pero se ha estropeado el aire acondicionado y el técnico no vendrá hasta mañana por la mañana.
El comisario García se secó la frente con un pañuelo. Había empezado a sudar.
-Buenas tardes -dijo por fin el comisario-. He visto en el escaparate un paisaje. Es un Fuente, ¿verdad?
El dueño levantó una ceja.

Übung 29: Welche Übersetzung ist richtig?

1. Hier ist es heiß.
   a) ☐ Aquí hace calor.
   b) ☐ Aquí hace mucho calor.
   c) ☐ Aquí hace muy calor.

2. Wie ist das Wetter im Sommer in Madrid?
   a) ☐ ¿Cómo es el tiempo en verano en Madrid?
   b) ☐ ¿Qué tiempo es en Madrid en verano?
   c) ☐ ¿Qué tiempo hace en Madrid en verano?
3. In Deutschland regnet es oft.
   a) ☐ En Alemania llueve mucho.
   b) ☐ Llueve muy en Alemania.
   c) ☐ En Alemania hace mucha lluvia.
4. Heute ist es sonnig.
   a) ☐ Hoy es soleado.
   b) ☐ Hoy hace sol.
   c) ☐ Hoy hay sol.
5. Diese Woche ist das Wetter wunderschön.
   a) ☐ Esta semana hace buen tiempo.
   b) ☐ Esta semana hay mucho buen tiempo.
   c) ☐ Esta semana hace muy buen tiempo.

ÜBUNG 30

Übung 30: Welches Wort passt in die Lücke?

-¡Efectivamente! -dijo sorprendido-. Es (1. él/usted/ustedes) ______________ el primero que reconoce un Fuente. (2. Aquel/Nuestro/Ese) ______________ pintor no es demasiado conocido, me temo.
-Yo lo he reconocido sólo porque ahora, por motivos laborales, he tenido que ocuparme de algunos de sus cuadros. ¿(3. Debo/Puede/Quiere) ______________ preguntarle cómo ha llegado ese cuadro a su poder?

-Por supuesto -respondió el dueño de la tienda-. Proviene de la herencia de un conocido coleccionista. Les puedo asegurar que el cuadro no pertenece a los que (4. han robado/robaron/robaban) ________ estos últimos meses.

-¿Tiene usted noticia de los robos? -preguntó Bea.

El propietario asintió.

-Naturalmente. En nuestros círculos no (5. es/está/hay) ________ nada que no se sepa. Nosotros los comerciantes de arte vivimos en cierto modo de tener los ojos y los oídos bien abiertos.

-¿(6. Qué/Por qué/Porqué) ________? -volvió a preguntar Bea con curiosidad.

-Muy sencillo. (7. Porque/por que/porqué) ________ el mercado de obras de arte depende también de modas. Por el motivo que sea, de repente, este o aquel artista está muy solicitado.

Y entonces es bueno disponer de un par de obras de él para ponerlas a la venta.

-Ya entiendo. ¿Y por eso ha puesto a la vista el Fuente? -quiso saber Bea.

-Exactamente. Con la espectacular serie de robos se ha hecho muy famoso, al menos entre los coleccionistas. De todos modos he de admitir que antes tenía ese cuadro guardado en el sótano. A mí su estilo no me dice absolutamente nada. Sus cuadros eran hasta hoy casi imposibles de vender. Son tan ...

-... aburridos -terminó el comisario García la frase.

El propietario del establecimiento asintió:
-Eso es. ¿Quieren ver el cuadro de cerca?
-Sí, por favor -dijo el comisario.
El dueño abrió la puerta de cristal del escaparate y cogió el cuadro del caballete en que estaba apoyado. Luego se lo dio al comisario García que lo examinaba con atención.
Por encima de su hombro, Bea miraba también el cuadro.
-Es una pintura muy sosa -dijo el comisario-, pero está todo representado con mucho detalle. Mira aquí, si te fijas, puedes identificar incluso los rostros de la gente.

! ÜBUNG 31

Übung 31: Ordnen Sie die Buchstaben zu einem sinnvollen Wort!

El comisario sacó sus (1. fagas)__________ del bolsillo de la chaqueta y volvió a mirar la pintura.
Ahí estaba: al fondo se sentaba un grupo de (2. tneeg)__________, ricamente vestido, con aspecto de pertenecer a la nobleza.
Estaban merendando en el (3. pomca) __________.
A un par de metros del grupo principal, se sentaban dos figuras: un hombre y una (4. jurem) __________, tras un pequeño (5. blorá)__________. Como si se hubieran separado de los demás.
Una (6. japera) __________ de enamorados, seguramente.

-En efecto -murmuró el comisario-. Está pintado con extraordinario detalle. Seguramente pintó los rostros con una lupa.
La riqueza de detalles del cuadro era de verdad impresionante. Sin embargo, no dejaba de ser frío y algo cursi.
No era un cuadro especialmente logrado.

El comisario guardó sus gafas de nuevo y volvió la cabeza hacia el comerciante.

-¿Cuánto cuesta el cuadro? -preguntó.

Bea no podía creer lo que estaba oyendo.

-Comisario -le dijo en voz baja-, ¿quiere en serio comprar ese cuadro?

-Sí, eso es lo que quiero -le respondió el comisario también en voz baja-. A lo mejor nos da una pista sobre los otros robos. Además, no será muy caro. El dueño acaba de decir que los cuadros de Fuente eran casi imposibles de vender.

El dueño de la galería esperaba con educación el fin de la conversación privada.

-Se lo puedo vender por 1.500 euros -dijo cuando el comisario y Bea se callaron.

Bea no se lo podía creer. ¡1.500 Euros!

El comisario lo pensó unos segundos:

-1.300 -dijo al fin-. Yo me llevo el cuadro, y usted lo pierde por fin de vista.

Ahora era el comerciante el que meditaba.

Al final, sonrió.

-De acuerdo. Tengo que admitir que ni siquiera había pensado colgar este cuadro en mi tienda.

-Y nosotros ahora tenemos que cargar con él -dijo Bea sin que nadie la oyera.

Übung 32: Bilden Sie die richtige Vergangenheitsform der in Klammern gesetzten Verben!

El comisario García (1. coger) ______________________ el cuadro que el comerciante había envuelto en papel de embalaje marrón y lo

(2. dejar)__________ sobre el mostrador de la tienda para sacar su cartera.

-¿(3. poder)__________ pagar con tarjeta de crédito? -preguntó.

El dueño hizo un gesto afirmativo: -Por supuesto.

El comerciante (4. coger) __________ la tarjeta del comisario. Sonreía.

-¿Cómo (5. poder) __________ comprar este cuadro tan horroroso?

-(6. preguntar)__________ Bea al comisario.

-Quizá nos ayude a avanzar en el caso, Bea -(7. responder) __________ García.

-Bueno, la esperanza es lo último que se pierde -dijo Bea. Miraba al propietario de la tienda, que estaba pasando la tarjeta de crédito por el lector. Con un poco de suerte, terminaba pronto la venta.
El aire dentro de la galería parecía volverse cada vez más cargante. Menos mal que no tenían que permanecer aquí el día entero.
La joven oficial se secó una gota de sudor de la frente. Observó que el comisario y el comerciante sudaban también.
En este momento entró un hombre a la tienda.
Bea y el comisario se miraron sorprendidos.
El hombre era alto, tenía el pelo oscuro y llevaba puesto un traje blanco, muy elegante.
Llevaba también un sombrero de ala ancha. La mayoría de los hombres, pensó Bea, son ridículos con ese tipo de sombrero. Pero a éste le sentaba muy bien.
Sin embargo, el tipo tenía algo que a Bea no le gustaba. Pero no conseguía saber qué.

Übung 33: Bilden Sie sinnvolle Sätze!

1. un traje – lleva puesto – azul marino – Juan

____.

2. ¿ a la ópera – corbata – para ir – qué – esta tarde – te vas a poner?

____.

3. muy – verde – Pilar – a la boda – con – un Sombrero – fue – elegante

____.

4. esos – puedes – no – calcetines blancos – zapatos – ponerte – con

____.

5. lleva – Marina – los días – todos – pantalones

____.

6. los hombres – llevan – no – sombrero – ya

____.

-Buenos días -dijo el desconocido con un tono de voz muy agradable. En seguida fue al grano.
-He oído que vende usted un cuadro del pintor Fuente. Me gustaría adquirirlo.
El comerciante lo miró desde el otro lado del mostrador, con un gesto de disculpa.
-Lo siento mucho, señor. Me temo que llega un par de minutos tarde.
Señaló al comisario:
-Este caballero acaba de comprarlo.
El hombre del traje blanco miró enfadado al comisario. Luego se volvió hacia el paquete que todavía estaba sobre el mostrador.

-¿Qué? ¡Eso no puede ser! ¡Ese cuadro tiene que ser mío! ¿Me escucha? Me da lo mismo lo que este señor haya pagado ... le ofrezco el doble.

El comisario estaba sorprendido. ¿Por qué quería comprar este tipo un cuadro tan raro? ¿Y a un precio tan alto?

Antes de que el comisario pudiera decir nada, el comerciante negó con la cabeza.

-Lo siento mucho, señor. Eso no lo puedo hacer. Por muy tentadora que sea su oferta, yo tengo que cuidar mi honor de comerciante. Lo vendido está vendido. Pero dispongo de una gran cantidad de cuadros igualmente interesantes. Quizá ...

-Guárdese usted sus cuadros, -le interrumpió el hombre del traje. Luego se volvió directamente hacia García.

-Escuche, ese cuadro tiene que ser mío. Le ofrezco a cambio 5.000 Euros.

Bea abrió los ojos de par en par. 5.000 Euros. Eso eran muchos meses de trabajo. El comisario estaba a punto de hacer el negocio de su vida. Pero, para sorpresa de Bea, el comisario movía la cabeza de un lado para otro ... -Lo siento, señor. Pero creo que me he enamorado de este cuadro. Me gustaría, ahora que lo tengo, quedarme con él.

ÜBUNG 34 !

Übung 34: Was passt zusammen?

1. alguien se enamora	a) ☐ de un sitio alto
2. alguien se queda	b) ☐ a otra persona
3. alguien se cae	c) ☐ de alguien o algo
4. alguien se rompe	d) ☐ con la novia o con el novio
5. alguien se vuelve	e) ☐ con algo

6. alguien se alegra — f) ☐ con alguien por algo malo
7. alguien se enfada — g) ☐ una pierna
8. alguien se casa — h) ☐ de algo bueno

-Tonterías -dijo el hombre del traje blanco-. El cuadro no tiene ningún valor, y usted lo sabe. Aproveche la ocasión: le ofrezco por esa baratija 6.000 euros.

-Entonces, ¿puedo preguntarle por qué está dispuesto a pagar esa cantidad de dinero por un cuadro tan malo? -quiso saber el comisario.

-Eso no es asunto suyo -dijo el hombre de visible mal humor.

Entonces, cambió de táctica.

Antes de que Bea o el comisario pudieran reaccionar, avanzó unos pasos y agarró sin mediar palabra el cuadro que aún estaba en el mostrador de la tienda.

-Dame eso -gritó.

-¿Qué significa todo esto? -dijo el dueño de la tienda, asustado.

El hombre del traje sin embargo no se detuvo a dar explicaciones. Dando media vuelta, salió corriendo de la tienda.

Pero no había contado con la presencia de Bea. Como sabemos, Bea estaba en forma y sus reflejos eran excelentes.

Justo cuando el ladrón iba a salir por la puerta, Bea agarró el cuadro y tiró de él.

El hombre del traje no había visto a Bea, y el tirón le cogió por sorpresa.

Übung 35: Verben und Substantive. Was passt zusammen?

1.	tirar	a) ☐	el ladrón
2.	fugarse	b) ☐	la visión
3.	perseguir	c) ☐	la petición
4.	pintar	d) ☐	la fuga
5.	vender	e) ☐	la sopresa
6.	soprender	f) ☐	la persecución
7.	robar	g) ☐	la pintura
8.	ver	h) ☐	el tirón
9.	acusar	i) ☐	el vendedor
10.	pedir	j) ☐	la acusación

Gritó furioso, pero no pudo hacer nada. Bea tenía el cuadro en sus manos. La reacción de Bea había sido una sorpresa.

El tirón que Bea dio para hacerse con el paquete casi tumbó al ladrón.

Éste miraba furioso alrededor. No quería irse sin el cuadro.

Pero Bea, el comisario y el dueño de la tienda eran tres personas. Y él, aunque fuerte, sólo una. No podía hacer nada.

-Nos volveremos a ver. Eso es seguro -amenazó.

Entonces salió huyendo a la calle.

Bea no se lo pensó dos veces. Dejó el cuadro de nuevo sobre el mostrador.

-Aquí tiene. Esta vez no lo pierda de vista -dijo al comisario.

Y diciendo esto, salió tras el ladrón.

Fuera de la tienda se agolpaban los visitantes del Rastro.

El fugitivo se había mezclado entre la multitud. Era imposible saber por dónde habría huído el tipo.

Bea suspiró. Muy a su pesar, volvió a la tienda.

El comisario García y Bea disfrutaban de un helado sentados en la terraza de una cafetería.
Al comisario le encantaba el helado. Se lo merecían después de un día tan ajetreado.
Con mucho cuidado, el comisario García había sacado el cuadro de su envoltorio y lo examinaba.
Ni siquiera mirándolo despacio le resultaba interesante.
Había que admitir que el desconocido del traje blanco tenía razón: el cuadro era una cursilería.
Bea parecía leerle el pensamiento.
-No lo entiendo -dijo-. ¿Por qué aquel tipo estaba tan interesado en el cuadro? A mí no me gusta en absoluto.

Übung 36: Welche Übersetzung passt am besten?

ÜBUNG 36 !

1. Comisario García liebt Eis.
   a) ☐ Al comisario García le gusta el helado.
   b) ☐ Al comisario García le encanta el helado.
   c) ☐ El comisario García come mucho helado.
2. Bea gefällt das Bild von Fuente überhaupt nicht.
   a) ☐ A Bea no le gusta el cuadro de Fuente.
   b) ☐ A Bea no le encanta el cuadro de Fuente.
   c) ☐ A Bea no le gusta nada el cuadro de Fuente.
3. Comisario García interessiert sich für Kunst.
   a) ☐ Al comisario García le gusta mucho el arte.
   b) ☐ Al comisario García le gusta muy el arte.
   c) ☐ Al comisario García le encanta mucho el arte.

4. Bea treibt lieber Sport.

a) ☐ A Bea le gusta mejor hacer deporte.

b) ☐ Bea prefiere hacer deporte.

c) ☐ A Bea le encanta mejor el deporte.

-Estás en lo cierto, Bea. Un cuadro mediocre de un pintor mediocre. Y, como le pasa al vino, los años no hacen que sea mejor. No consigo entender por qué Fuente fue tan conocido en su tiempo.
-Eso no lo vamos a comprender nunca -dijo Bea metiendo la cuchara en la copa de helado.
El comisario se rascaba la cabeza pensativamente.
-¿Y si estuviera precisamente ahí la clave de todo? Si supiéramos por qué los cuadros de Fuente estuvieron de moda, quizá comprenderíamos por qué este ladrón está tan interesado en ellos.
-Quizá lo valioso no sea el cuadro en sí, sino el marco -dijo Bea.
-Eso ya lo había pensado -respondió García. Sostenía el cuadro en alto-. Pero este marco no vale mucho. También he pensado en la posibilidad de que Fuente hubiera pintado uno de sus paisajes sobre un cuadro valioso de algún otro pintor. Los lienzos eran muy caros entonces. Esa especie de "reciclaje" era muy corriente en el pasado. Pero aquí parece que no hay nada pintado por debajo.

! ÜBUNG 37

Übung 37: Setzen Sie die Pronomen ein!

García observaba el cuadro a la luz del sol del atardecer. (1. Lo/La/Le) ___ volvió a guardar enseguida. Algunos clientes del bar (2. lo/la/le) ___ miraban con curiosidad. No era muy normal que alguien llevara (3. con él/consigo/conmigo) ___ por la calle un cuadro antiguo.

El comisario (4. lo/la/le) ___ pidió al camarero otro helado. El camarero (5. le lo/a él lo/se lo) ___ trajo, y (6. lo/la/le) ___ puso sobre la mesa.

-En cualquier caso, (7. lo/la/le) ___ hemos puesto las cosas difíciles al ladrón -dijo entre cucharada y cucharada de helado.

*Übung 38: Unterstreichen Sie das Präsens und die Verlaufsform! **(estar + gerundio)***

-¿De verdad piensa usted que el autor de los robos en las galerías y el desconocido del traje blanco son la misma persona?

-Creo que sí. Quizá está trabajando él también bajo las órdenes de un coleccionista. Pero lo raro es que ningún coleccionista que entienda de verdad de arte se pondría fuera de la ley por unos cuadros tan malos.

-¿Entonces? -preguntó Bea.

-Lo primero, buscamos un hotel, porque estamos andando por la ciudad con un cuadro llamativo debajo del brazo, y no estoy muy a gusto.

-¿Tiene miedo de que el tipo lo intente otra vez?

-En eso precisamente estoy pensando -respondió García, e hizo un gesto para llamar al camarero.

-¿Nos trae la cuenta, por favor? -le pidió.

-Aquí tiene -dijo el camarero depositando un platillo con la cuenta sobre la mesa.

Bea buscaba en su bolso la cartera, pero el comisario fue más rápido y ya había dejado en el platillo el dinero.

-Esta vez te invito yo -dijo-. Además, te debo algo: gracias a ti aún tengo el cuadro en mi poder.

-Es verdad -dijo Bea con una sonrisa-. Si lo hubiera dicho antes, hubiera pedido una copa de helado más grande.
Los dos se echaron a reír.

Ninguno se había dado cuenta de que el hombre alto del traje blanco los estaba observando desde una esquina de la calle de enfrente.
El resto del día continuó sin sobresaltos. Nuestra pareja no tuvo dificultades para encontrar una habitación.
Por suerte aún no había empezado la temporada alta, y la ciudad no estaba demasiado llena.
Los dos policías se hospedaron en un hotel del centro.
Después de cenar juntos se fueron a dormir.
Ya en su habitación, el comisario abrió la ventana y miró a la calle. Era de noche. Pero Madrid no está nunca tranquila. Afortunadamente, desde su habitación no se oía demasiado el ruido de la calle. García se tumbó en la cama y contemplaba el cuadro que había apoyado en la pared. ¿Cuál será la clave de todo? En ese momento llamaron a la puerta.
El comisario García se levantó de la cama. ¿Quién será tan tarde? ¿Será Bea, que ha tenido alguna idea importante?
El comisario García confiaba en su joven ayudante. Quizá había resuelto el misterio del cuadro.

ÜBUNG 39 !

Übung 39: Setzen Sie die vorgegebenen Verben in Klammern in die richtige Form!
(dije, he dicho, decía)

-¿Quién es? -(1. preguntar) ____ desde dentro de la habitación.
-Servicio de habitaciones -(2. responder) ______ una voz a través de la puerta-. ¿(3. encargar) ______ champán y canapés de salmón?
Seguro que no, pensó en comisario. Esto es un viaje de trabajo, y no

tenía que pagar la habitación; pero el champán y el salmón no (4. entrar) ______ dentro de los gastos que (5. cubrir) ____ la administración. Aquí tiene que haber un error.

García (6. acercarse) ______ a la puerta y la abrió. (7. descubrir) ______ a un hombre alto vestido con el uniforme de camarero y un carrito al lado.

Tan pronto como el comisario (8. abrir) ____ la puerta, el camarero (9. empujar) ______ el carrito dentro de la habitación. García no (10. tener) ______ tiempo de protestar.

-Un momento, por favor. Esto tiene que ser una equivocación -dijo García amablemente-. Yo no (11. pedir) ________ nada. Y menos champán.

El camarero se mostró extrañado y sacó una libreta del bolsillo del uniforme.

-¿Está usted seguro? Aquí en la hoja de pedidos lo pone bien claro . . . Léalo usted mismo.

-Déjeme ver . . . pidió el comisario, tomando la libreta . . .

Esto es una broma de mal gusto, pensó el comisario.

Sólo había una frase escrita.

"Compórtese con tranquilidad y no le pasará nada."

-¿Qué significa esta tontería? -dijo el comisario y levantó la vista.

El camarero lo estaba apuntando con una pistola

-Haga lo que ha leído -dijo el falso camarero-. Sólo quiero el cuadro. Luego desaparezco.

El comisario miró al criminal con firmeza.

-Piénsatelo dos veces, amiguito. Me llamo García y soy comisario.

*Übung 40: Bilden Sie die Befehlsformen (**imperativo**) und benutzen Sie dabei Pronomen!*

1. leer usted el pedido *léalo* ____________
2. dejar usted a mí verlo ____________
3. comportarse usted con tranquilidad ____________
4. pensar tú eso dos veces ____________
5. dar tú a mí el número de teléfono ____________
6. coger vosotros el metro hacia Sol ____________
7. dejar tú a mí los vaqueros azules ____________

Si el hombre estaba sorprendido, no lo demostró de ninguna manera. Apenas sí levantó una ceja.
-Vaya -dijo-, un policía. Eso sí que no lo esperaba. Creía que era usted un coleccionista que quería aprovecharse de la fama inesperada de los cuadros de Fuente ...
El hombre avanzó un par de pasos de espaldas y se acercó al cuadro.
-... pero no cambia nada. Me llevo el cuadro. No podría de todas formas hacer nada con él. No tiene ni idea de lo que tiene en esta pintura tanto valor ...
-Pues si tú estás tan bien enterado, podrías decírmelo -dijo el comisario con mucha tranquilidad.
Por supuesto, el comisario no esperaba que el criminal fuera a desvelarle a él nada. Sólo intentaba ganar un poco de tiempo.
El comisario García estaba esperando el momento oportuno. El hombre sonrió con malicia.

-¿De verdad cree que voy a hacer su trabajo por usted?
Entonces se agachó ligeramente para recoger el cuadro. Durante un segundo el cañón del arma no estaba apuntando al comisario.
Era el momento que García había estado esperando.

Übung 41: Setzen Sie die fehlenden Wörter ein!
(encima, encima del, en (2×), en medio del, por, sobre (2×))

Se abalanzó (1) ______________ el tipo. El ladrón abrió los ojos de par en par, pero no pudo evitar que el comisario se le echara (2) ______________ . García no era en absoluto un peso ligero.

Los dos cayeron rodando (3) ______________ el suelo.

Empezaron a pelear (4) ______________ la alfombra. El ladrón estaba (5) ______________ forma. Era un buen luchador.

El comisario García concentraba todos sus esfuerzos en quitarle la pistola de la mano. Por eso no se dio cuenta de cómo el criminal, (6) ______________ forcejeo, agarraba a tientas la botella de champán que estaba (7) ______________ carrito. El golpe (8) ______________ la cabeza le cogió completamente desprevenido.

ÜBUNG 41 !

La botella se hizo añicos.
El comisario vio estrellas. El champán helado en la nuca evitó que perdiera instantáneamente el conocimiento.
El ladrón se puso de pie.
-Hay que mantenerse lejos del alcohol cuando se tolera mal -dijo riendo.

Se guardó la pistola en el cinturón.

El comisario tenía la impresión de estar borracho. La cabeza le daba vueltas y veía doble.

El ladrón sonreía. Agarró el cuadro y lo escondió en el carrito.

-Buenas noches, comisario -dijo irónicamente al abandonar el cuarto.

-¡Ah! ... la aspirina ayuda cuando el alcohol se sube a la cabeza.

El ladrón volvió a sonreír. Después de empujar el carrito fuera de la habitación, salió al pasillo y cerró suavemente la puerta.

Durante algunos segundos García perdió el conocimiento. Cuando se despertó de nuevo, había alguien a la puerta.

¿Otra vez el ladrón que volvía? ¿Había olvidado algo? ¿O lo había pensado mejor y había decidido no dejar ningún testigo?

Al abrirse la puerta, García estaba preparado para todo.

Bea entró en la habitación. Se asustó al ver al comisario tirado en el suelo.

ÜBUNG 42 !

Übung 42: Ordnen Sie zu!

1. El ladrón escondió el cuadro	a) ☐ en la habitación.
2. El ladrón sonrío, al abandonar	b) ☐ de la habitación.
3. El ladrón empujó el carrito	c) ☐ en el carrito.
4. El falso camarero salió	d) ☐ fuera de la habitación.
5. García pensó: el ladrón vuelve	e) ☐ la habitación.
6. Bea entró	f) ☐ a la escena del crimen.

-¡Comisario! ¿Qué le ha pasado?

-No te preocupes -musitó el comisario-. Ahora te explico, pero ayúdame primero a levantarme.

Bea corrió hacia el comisario y le tendió la mano.

Con un poco de esfuerzo consiguió tender al comisario sobre la cama.

-Pienso en serio que debería hacer régimen -dijo Bea-. Por cierto, podría haber compartido conmigo el champán.

-Muy gracioso -respondió el comisario y llevándose una mano a la cabeza dolorida.

Le saldría un bonito chichón en la coronilla. Pero, por lo demás, se recuperaría pronto.

En cualquier caso, el misterioso ladrón acababa de robarle el cuadro: Su orgullo herido le dolía más que la cabeza.

-¿Qué demonios ha pasado aquí? -dijo Bea mirando el desastre de la habitación.

El comisario García bebió un poco de agua de un vaso que había en la mesilla de noche antes de contarle a Bea lo que había sucedido.

Übung 43: Ergänzen Sie die fehlenden Partizipien!

ÜBUNG 43 !

1. pasar — *pasado*
2. romper — ....
3. doler — ....
4. mentir — ....
5. leer — ....
6. dormir — ....
7. decir — ....

-Pero eso es horrible -dijo Bea, cuando García terminó de hablar-. Ese tipo podría haber acabado con usted.

García lo negó.

-No, no creo. Ese tipo es un ladrón, pero no me parece que sea un asesino a sangre fría.

-Espero que tenga razón -dijo Bea-. ¿Era el tipo del traje blanco que quería comprar el cuadro esta tarde en la galería?

-No. No tenía el mismo aspecto, aunque era de la misma estatura. Pura casualidad, supongo.

El comisario se secó un par de gotas de champán que aún le resbalaban por la frente. De repente lo comprendió ...

Era como si el golpe le hubiera activado la materia gris.

El comisario miraba el pañuelo.

-¿Comisario? -preguntó Bea preocupada-. ¿Qué le pasa? ¿Quiere que vaya a buscar un médico?

-No, gracias. Todo va bien. Simplemente acabo de acordarme de un detalle. Dime, Bea, ¿qué te llamó la atención de ese hombre?

-¿Del tipo del traje blanco? Sí, bueno, ahora que lo dice ... había algo no muy habitual en él. Pero no sabría decir qué.

-Exacto. Yo también noté algo raro. Y ahora me he dado cuenta de qué era.

-¿El qué? -preguntó Bea con curiosidad-. ¿Por qué no lo dice de una vez?

ÜBUNG 44 !

Übung 44: Welches Fragewort benutzt man, um nach den fett gedruckten Satzteilen zu fragen?

1. Al comisario le ha pasado **un incidente en su habitación.**

   ¿ a) ☐ Qué b) ☐ Cómo c) ☐ Quién le ha pasado al comisario?

2. A Bea le ha llamado la atención **el hombre del traje blanco.**

¿ a) ☐ Qué b) ☐ Por qué c) ☐ Quién ha llamado la atención a Bea?

3. No dice lo que piensa **por miedo a equivocarse.**

¿ a) ☐ Qué b) ☐ Por qué c) ☐ Cuándo no dice lo que piensa?

4. Bea y el comisario han venido **en avión** a Madrid.

¿ a) ☐ Por qué b) ☐ Quién c) ☐ Cómo han venido a Madrid?

5. El sospechoso ha seguido **al comisario y a Bea.**

¿ a) ☐ A quién b) ☐ Quién c) ☐ A quiénes ha seguido el sospechoso?

6. Todos los cuadros robados son **de Fuente.**

¿ a) ☐ De quién b) ☐ El que c) ☐ Quien son todos los cuadros robados?

-¿Recuerdas el calor que hacía dentro de la galería?
-Sí. El aire acondicionado no funcionaba, si no recuerdo mal.
-Exacto. Pero yo me fijé en la cara del desconocido cuando entró al local …
-¿Y?
-No sudaba. No había ninguna gota de sudor en su rostro.
-¡Es verdad! -gritó Bea-. Eso era lo que me había parecido raro en él. Pero, ¿quiere eso decir algo?, ¿tiene usted alguna explicación?
-Creo que la respuesta es muy sencilla: llevaba puesto una máscara.
-¿Una máscara? -repitió Bea-. ¿Quiere decir que iba disfrazado y que aquel tipo y el supuesto camarero del hotel son la misma persona?
El comisario García frunció el ceño pensativo.
-Sí, eso creo.
Bea dio un suspiro.

-Entonces sí que no tenemos ninguna posibilidad de averiguar la identidad del desconocido.

ÜBUNG 45

Übung 45: Antworten Sie verneinend!

1. ¿Había alguna gota de sudor en el rostro del desconocido?

   No, no ______________________________.

2. ¿Quieres decir algo?

   No, no ______________________________.

3. ¿Tienes alguna explicación?

   No, no ______________________________.

4. ¿Has visto a alguien?

   No, no ______________________________.

5. ¿Hay alguna posibilidad de identificar al desconocido?

   No, no ______________________________.

6. ¿Hay algún hotel cerca?

   No, no ______________________________.

El comisario estuvo un momento pensativo.
-Recuerdo un caso muy parecido, que resolvió mi colega de Londres, el inspector de policía Hudson. También se trataba de un cuadro. Al ladrón lo conocían por "Phantom", un maestro en el arte del disfraz. Al inspector Hudson lo conocí en un congreso y me contó lo difícil que fue capturar al "Phantom".

Bea se dejó caer desanimada en la cama. El comisario se incorporó a su lado.
-Ahora sí que tenemos un problema -suspiró-. ¿Cómo vamos a dar con este tipo?

Übung 46: Unterstreichen Sie die Verben im Imperfekt und im Plusquamperfekt!

Echó un vistazo a su alrededor. Todo tenía el aspecto de un sitio en donde el tiempo se había detenido.
Cuadros antiguos y valiosos colgaban de las paredes. Un par de vitrinas mostraban estatuillas antiguas de un valor incalculable.
El falso camarero entendía mucho de obras de arte. Sólo en esa sala, alguien había reunido una fortuna en piezas de coleccionista.
Se sentía ridículo con un paisaje dulzón y cursi de Fuente en las manos.
Pero sabía que ese cuadro podría significar para él millones de euros.
Para el conde – quien le había hecho el encargo – era incluso más valioso.
El hombre podía recordar muy bien cómo el Conde de Torrealba se había puesto en contacto con él.
En aquel momento se había escapado de una prisión británica y acababa de llegar huyendo al continente. El encargo que el conde le había encomendado era muy oportuno.
Necesitaba mucho dinero para construirse una nueva identidad. Tal vez muchas nuevas identidades.
Se abrió una gran puerta y pasó un hombre con barba. Llevaba un traje algo anticuado. Era el conde de Torrealba.

En un primer momento, el noble no reconoció a aquel hombre con un uniforme de camarero. En seguida vio el cuadro de Fuente y sonrió.

-Ah, Phantom, mi querido amigo -exclamó el conde-. Otra vez un nuevo disfraz. ¡Ha conseguido usted mi cuadro! ¡Déjeme ver!
A grandes pasos atravesó el conde la sala. Alargó los brazos para coger su cuadro.
El extraño, el "Phantom", lo apartó bruscamente.
-Todavía no es suyo. Aún es mi cuadro. Primero la cantidad acordada, señor Conde, mi dinero, si tiene la bondad.

! ÜBUNG 47

Übung 47: Formen Sie die Sätze nach dem Beispiel um!

Éste es mi cuadro. → *El cuadro es mío.*

1. Éste es su cuadro. ....
2. No es todavía mi dinero. ....
3. Son tus problemas. ....
4. ¿Son mis pantalones? ....
5. Éste no es ya su caso. ....
6. ¿Es éste tu bolígrafo? ....
7. Es vuestro regalo. ....
8. ¿Es su cama? ....

El conde de Torrealba dirigió a Phantom una mirada rápida, con un destello de indignación.
No estaba acostumbrado a que la gente le hablara en ese tono.
Pero pronto se olvidó y dijo sonriendo:
-Con mucho gusto. ¿He olvidado acaso las buenas maneras?
El conde metió la mano en el bolsillo de la chaqueta y sacó un grueso fajo de billetes, que le tendió a Phantom.

-Si quiere contarlo ...
-No es necesario -dijo Phantom mientras se guardaba el dinero y entregaba el cuadro al conde.
El conde tomó el cuadro con sumo cuidado.

Übung 48: Setzen Sie die fehlenden Wörter ein!
(éste (2×), este (2×), ese, eso)

ÜBUNG 48 !

-¿Y bien? ¿Es (1)______ el que busca?

El conde examinó más de cerca el cuadro, como si buscara un detalle concreto.

Después de unos minutos dejó el cuadro en el suelo.

-No -dijo el conde decepcionado-. (2)______ tampoco es el cuadro. ¡Maldito sea!

Phantom hizo un gesto con los hombros.

-Lástima, señor conde. Pero (3)______ no es mi problema. Usted me ha contratado para conseguir (4)______ cuadro. Y (5)______ es lo que he hecho.

El conde de Torrealba, que se había vuelto a tranquilizar tras la decepción, sonrió a Phantom.

-Por supuesto. Tiene usted razón, mi querido amigo. (6)______ cuadro tampoco es el que me interesa, pero al menos estamos seguros de que sólo queda un cuadro posible. ¿Podrá conseguirlo?

Phantom sonrió debajo de su máscara.

-Será un placer. ¿Dónde está?

El conde sacó un papel del bosillo de su chaqueta pasada de moda.

-Aqué tiene una dirección. Ahí lo encontrará.

Phantom cojió el papel y lo leyó. Conocía la dirección.

Se le escapó un silbido.

ÜBUNG 49 !

*Übung 49: Unterstreichen Sie die Verben im Futur (**futuro simple, ir a + infinitivo**)!*

-¿En el Museo Municipal? Esto no va a ser fácil. Según tengo entendido, el Museo está bien vigilado. Y después del robo de media docena de cuadros de Fuente, seguro que han aumentado las medidas de vigilancia.
-Estoy convencido de que para usted no será un problema conseguir el cuadro. Lo necesito. Ya conoce los motivos.
-Sí, pero éste le va a costar más que los otros cuadros.
La sonrisa del conde se convirtió casi en carcajada.
-No importa el dinero. Si me trae este último cuadro de Fuente, seré inmensamente rico, rico como un rey. En el sentido literal de la palabra.
La risa del conde resonó en la sala.
Este hombre está completamente loco, pensó Phantom. Pero eso a él le daba lo mismo. El conde disponía de una fortuna inmensa. Y si el plan del conde funcionaba, aunque estuviera loco, sería muchísimo más rico.
-De acuerdo -dijo al fin Phantom-. Le conseguiré el último cuadro de Fuente. Creo que tengo un buen plan. Pero usted me tendrá que

ayudar un poco. Supongo que en el castillo quedan un par de habitaciones libres para un invitado de sorpresa.
-Naturalmente. No será ningún problema.
Phantom dio media vuelta para salir.
-Bien. Tendrá noticias mías. Adios, señor conde.
-Espere un segundo -dijo el Conde-. Le ruego que disculpe mi curiosidad, pero ... ¿podría quitarse la máscara? Aún no he visto su auténtico rostro.
Phantom se volvió de nuevo hacia el conde y soltó una carcajada.
-Por supuesto, señor Conde. Usted puede verme la cara cuando quiera. Pero después no me quedará más remedio que matarlo.

Übung 50: Ergänzen Sie die Futurformen der Verben!

ÜBUNG 50!

1. Si me ve la cara, no me (quedar) __________ más remedio que matarlo.
2. Conseguir el cuadro del museo no (ser) __________ para Phantom ningún problema.
3. Si los planes del conde salen bien, (ser) __________ un hombre inmensamente rico.
4. El conde de Torrealba (dar) __________ a Phantom el dinero que le pida por el robo.
5. El conde de Torrealba cree que Phantom se (salir) __________ con la suya.
6. ¿(robar) __________ Phantom el cuadro del Museo Municipal?
7. ¿(poder) __________ el comisario y Bea impedir el robo?

Por un momento el conde miró a Phantom sin saber cómo reaccionar. En seguida se echó a reír.

-Muy bien, muy bien. Es un verdadero placer hacer negocios con un profesional como usted.

-El placer es mío -respondió Phantom. Luego amagó una reverencia y abandonó la sala.

Al salir del castillo, Phantom no pudo evitar reírse. Pensaba en el plan que había ideado para hacerse con el último Fuente.

El comisario García iba a ayudarle a conseguirlo.

Übung 51: Setzen Sie die richtigen Präpositionen ein!

El comisario García estaba sentado (1)______ un pequeño escritorio que sus colegas madrileños le habían prestado.

Llevaba media hora intentando establecer comunicación telefónica (2)______ Londres. Por fin consiguió contactar (3)______ la centralita (4)______ Scotland Yard.

-Scotland Yard. ¿(5)______ qué puedo ayudarle? -preguntó (6)______ inglés una amable voz femenina.

-Buenos días -respondió García, también (7)______ inglés-. Soy el comisario de policía García. Llamo (8)______ España. ¿Podría hablar (9)______ el inspector Hudson, por favor?

-Un momento, por favor -respondió la voz-. Le paso.

(10)______ paciencia soportó el comisario la música de espera. La muchacha volvió (11)______ hablar.

-Lo siento, Sir, el inspector no trabaja hoy. Ha tenido usted mala suerte, porque casi nunca se toma un día libre.

Ahora esto, pensó García. Pero si tiene el día libre, quizá lo coja en casa.

-¿Podría darme su número de teléfono privado? -preguntó García con amabilidad-. Se trata de un asunto de suma importancia.

Übung 52: Setzen Sie das passende Synonym ein!

(de verdad, lienzos, pantalla, muchacha, mujer, compañero, casa, ladrón)

(1. La chica) ______________ al otro lado de la línea dudó un momento.

-Si es un asunto (2. verdaderamente) ______________ importante -dijo por fin.

Luego dictó al comisario el teléfono de (3. la vivienda) ______________ del inspector.

-Muchas gracias -dijo García. Después colgó el auricular.

Miró hacia la mesa de al lado, donde Bea estaba trabajando en (4. el monitor) ______________ de un ordenador, a la busca de otros (5. cuadros) ______________ de Fuente que (6. el criminal) ______________ pudiera pensar en robar.

García esperaba poder anticiparse al ladrón esta vez.

El comisario marcó un número. Dio señal. Tras un par de tonos, contestó la voz de (7. una señora) ______________ mayor.

-¿Sí? -preguntó la voz en inglés.

-Muy buenos días -dijo el comisario-. Soy el comisario español de policía García. ¿Podría hablar por favor con el inspector Hudson?

-¡(8. Un colega) ______________ español! Habla usted con Mrs. Paddington, el ama de llaves del inspector. Un momento, por favor. Ahora mismo lo llamo.

-¡INSPECTOOOOOR! -escuchó García a través del teléfono.
No pudo evitar sonreír.
Esta Mrs. Paddington tenía que ser una mujer muy persuasiva. Tras unos segundos, García pudo escuchar pasos que se acercaban al teléfono.
-Sí, dígame -dijo una voz agradable-. Habla el inspector Hudson.

! ÜBUNG 53

Übung 53: Setzen Sie die Verben in der Verlaufsform ***(estar + gerundio)*** *ein!*

-Muy buen os días, Inspector. (1. hablar) ______________ con el comisario García, del cuerpo español de policía. (2. trabajar) ______________ en un caso muy curioso: una serie espectacular de robos de cuadros en Madrid.

-Es un placer conocerle -dijo el inspector, al otro lado de la línea. A pesar de los miles de kilómetros de distancia, la voz se oía como si viniera de la habitación de al lado.

-Déjeme adivinar, comisario -se adelantó Hudson-. (3. ocuparse) __________ del robo de esos cuadros de un pintor español casi olvidado ... un tal Fuente, ¿no es así?

El comisario se quedó boquiabierto.

-Exacto. Veo que está usted bien informado, inspector.

-Me gusta leer despacio la prensa. Incluso el Times (4. dedicar) __________ una columna semanal a esos robos. Porque es extraño: (5. robar) __________ cuadros que no tienen ningún valor, ¿verdad?

-Ese es exactamente el problema. A pesar de que (6. trabajar) __________ mucho, no tenemos ni idea de por qué el ladrón los ha robado. Pero lo averiguaremos. Yo le llamaba a usted por otro asunto. Estoy convencido de que puede ayudarme. Se trata de un antiguo conocido suyo: Phantom. Me temo que anda detrás de estos robos.

Hubo un silencio al otro lado de la línea.

El comisario García llegó a oír, a pesar de la distancia, como el inspector Hudson tragaba saliva.

-Si de verdad Phantom está detrás de esto, comisario, entonces tienen ustedes un problema -dijo al fin Hudson-. ¿Quiere contarme toda la historia?

El comisario García bebió un trago de agua antes de contarle al inspector británico lo que sabían de los robos en las galerías y el incidente en la habitación del hotel.

ÜBUNG 54 !

Übung 54: Ersetzen Sie die Ergänzung jeweils durch ein Pronomen!

Queremos visitar el Museo del Prado.

Queremos visitarlo.

1. Me apetece comprar esa bicicleta.

   ....

2. Quiero contar a Luis la verdad.

   ....

3. Me gusta tomar el café con leche.

   ....

4. Quiero terminar los ejercicios esta tarde.

   ....

5. Nos gustaría aprender bien español.

   ....

Cuando terminó de hablar, casi pudo ver al inspector Hudson al otro lado mientras decía:

-Está usted en lo cierto. Todo lleva el sello de Phantom. Además, cuadra con el hecho de que ese criminal se fugó de prisión hace unas semanas. Consiguió hacer en la celda una máscara rudimentaria y se hizo pasar por el vigilante.

Übung 55: Ergänzen Sie die Verbtabelle!

Infinitivo	***Presente***	***Indefinido***	***Futuro simple***
caer	yo caigo	1. él	tú caerás
conducir	yo conduzco	2. yo	él conducirá
dar	3. yo	yo di	ellos darán
hacer	yo hago	4. él	nosotros haremos
poder	él puede	5. yo	6. yo
ir	7. vosotros	yo fui	8. él
salir	yo salgo	él salió	9. tú
ser	ellos son	10. él	yo seré
venir	11. yo	tú viniste	él vendrá
traer	12 yo	13. tú	él traerá

-Me temía que iba usted a confirmar mis sospechas. ¿Algún consejo?
-Mi mejor consejo es que esté siempre alerta y no se fíe de nadie. Tratándose de disfraces, Phantom es un verdadero genio. Tengo que

admitir que a mí se me ha escapado alguna vez delante de mis propias narices.
El comisario García se despidió de su colega.
-Muchas gracias, inspector. Seguiré su consejo.
-De nada -respondió desde Londres el inspector-. Manténgame informado. ¡Mucha suerte!, comisario. La necesitará.
El comisario colgó con resignación.
La conversación con Hudson no le había dado muchos ánimos. Al menos ahora sabía con quién se la estaba jugando.

ÜBUNG 56 !

Übung 56: Verbinden Sie die beiden Sätze mithilfe des Relativpronomens ***que!***

1. El comisario García está trabajando en un despacho. Sus colegas de Madrid le han dejado el despacho.

   ____

   ____.

2. El comisario García ha llamado al inspector Hudson. El inspector Hundson conoce bien a Phantom.

   ____

   ____.

3. Phantom es un criminal británico. Phantom se ha escapado de la cárcel.

   ____

   ____.

4. Phantom está robando en Madrid los cuadros de Fuente. Los cuadros de Fuente no tienen aparentemente ningún valor.

....

....

Bea se levantó de su mesa y se acercó al comisario.
-¿Ha encontrado algo? -preguntó la joven.
-El inspector Hudson también cree que Phantom está detrás de los robos. Nos ha prevenido de que con este tipo todo es posible. ¿Has encontrado tú algo?
-Pues sí -dijo con orgullo Bea-. Hay en Madrid aún otro cuadro de Fuente. Está en el Museo Municipal. La verdad es que con Internet no ha sido muy difícil dar con él.
El comisario estaba impresionado. Antes hubiera necesitado horas de teléfono para conseguir esa información. Y hoy en día bastaba con 15 minutos y un ordenador. Tal vez había llegado el momento de aprender a manejar un cacharro de esos.

Übung 57: Welche Ergänzung passt zu den folgenden Verben?

ÜBUNG 57 !

1. manejar	a) ☐	con las vacaciones
2. escribir	b) ☐	del cumpleaños de Teresa
3. conducir	c) ☐	una máquina
4. llamar	d) ☐	sin descanso
5. hablar	e) ☐	un aumento de sueldo
6. conseguir	f) ☐	una carta
7. trabajar	g) ☐	un coche deportivo
8. soñar	h) ☐	a un amigo (por teléfono)

9. ayudar i) ☐ con mi madre
10. acordarse j) ☐ a hacer la cena

-Fabuloso, Bea -dijo García.
-¿Qué hacemos ahora? -preguntó Bea.
-En primer lugar, voy a pedir a nuestros compañeros que refuercen la vigilancia en el Museo. Después iremos nosotros mismos a echar un vistazo al cuadro de cerca. A lo mejor descubrimos algo.
-De acuerdo -fue la respuesta de Bea-. ¿Le importa si paramos un momento en el hotel de camino al museo? Me gustaría refrescarme un poco y recoger mi bolso.
-Está bien. Así puedo volver a desayunar ...
El comisario se puso un poco rojo cuando notó la mirada severa de su colega.
-Comisario, le recuerdo que quería hacer régimen ... -dijo Bea.
-Está bien, está bien ... -admitió el comisario-, me tomaré entonces sólo un café en el hotel.
Media hora después entraban Bea y el Comisario en el bar del hotel. Era media mañana, y eran casi los únicos clientes.
El comisario cogió un periódico al pasar por la barra y se sentó en una mesa cómoda, cerca de la ventana.
-Me voy a sentar aquí mientras tomo un café -dijo-. Me puedes recoger cuando estés lista, Bea.
-De acuerdo. Estoy de vuelta en un cuarto de hora. Como muy tarde.
Diciendo esto, salió del bar.

Übung 58: Wie lautet der richtige Satz?

1. Bea y el comisario entran ...
   a) ☐ en el bar del hotel.
   b) ☐ hacia el bar del hotel.
   c) ☐ el bar del hotel.
2. El comisario se sentó ...
   a) ☐ sobre una mesa cómoda.
   b) ☐ encima del suelo.
   c) ☐ en una silla.
3. En un cuarto de hora, Bea está de vuelta ...
   a) ☐ hacia el bar.
   b) ☐ dentro del bar.
   c) ☐ en el bar.
4. El canario se ha escapado ...
   a) ☐ dentro de la jaula.
   b) ☐ de la jaula.
   c) ☐ desde la jaula.
5. Hoy temprano he ido ...
   a) ☐ al banco.
   b) ☐ en el banco.
   c) ☐ de el banco.
6. He recogido un paquete. Vengo ...
   a) ☐ en Correos.
   b) ☐ desde Correos.
   c) ☐ de Correos.

7. Al bajar del avión, Bea y el comisario se subieron …

   a) ☐ a un taxi.

   b) ☐ un taxi.

   c) ☐ con un taxi.

El comisario la vio salir. Después llamó al camarero.
-¿Qué desea? -preguntó amablemente el camarero.
-Un café con leche, por favor -respondió el comisario.
-Enseguida.
El camarero se dirigió hacia la barra.
-Espere un momento … -dijo García -¿Podría traerme con el café un par de tortitas? Es la hora de un almuerzo. Pero, por favor, dese prisa. La mesa debe estar vacía antes de que llegue mi acompañante.
El camarero sonrío con complicidad.
-No se preocupe, señor. Ya me encargo yo. Su acompañante no se enterará.

ÜBUNG 59 !

Übung 59: Formen Sie die Sätze nach dem folgenden Beispiel um!

Veo **la casa.** (mi hermana) → *Veo a mi hermana.*

1. El comisario sigue **el consejo del inspector Hudson.** (el ladrón)

   …… .

2. Bea recoge **el bolso de su habitación.** (el comisario en un cuarto de hora)

   …… .

3. El comisario mira **las tortitas con nata del bar.** (Bea, que sale del bar)

____.

4. Estoy esperando **un taxi.** (un amigo)

____.

5. Juan se enfadó mucho y golpeó **la mesa.** (Pedro)

____.

6. Mañana voy a visitar a **María.** (el Museo del Prado)

____.

7. Estoy viendo a **los niños en la calle.** (las plantas del jardín)

____.

Salió del bar del hotel. Estaban hospedados en el segundo piso.
Bea atravesó el vestíbulo del hotel y se dirigió a la recepción.
A esa hora, poco más de las 11 de la mañana, la mayoría de los huéspedes del hotel estaban fuera.
El hotel parecía desierto.
-Buenos días. Me llamo Bea Schramm. ¿Ha llegado por casualidad correo para la habitación 211?
El recepcionista miró el casillero de la habitación correspondiente. Estaba vacío.
-Lo siento, no hay nada.
-Bien. ¿Y para el comisario García? Habitación 213.
El recepcionista volvió a mirar. En la casilla del comisario había un par de cartas que dejó sobre el mostrador.

-Muchas gracias -dijo Bea al coger las cartas-. Se las daré al comisario cuando vuelva a bajar.

ÜBUNG 60

Übung 60: Schreiben Sie die Zahlen aus!

1. 211
2. 213
3. 1.500
4. el siglo XVII
5. 2° piso
6. 10,56 €
7. en el año 1.985
8. en 1.492
9. Felipe II
10. en 2004
11. Juan Carlos I
12. Pío XII
13. 1.000.000
14. 11ª planta
15. 10:30 (Uhrzeit)
16. 23:45 (Uhrzeit)

Mientras esperaba al ascensor, echó un vistazo a los sobres. Las cartas fueron reenviadas desde Barcelona.

No tenían aspecto de ser muy importantes. Incluso había un folleto

publicitario entre ellas. Sería suficiente dárselas después al comisario.
Además, no quería interrumpir el almuerzo de su jefe.
Había prometido tomar sólo un café con leche. Pero Bea lo conocía demasiado bien.
Entró en el ascensor y apretó el botón de la segunda planta.
Tardó un par de segundos en llegar al segundo piso. Tampoco había gente aquí.

Übung 61: Beantworten Sie folgende Fragen!

1. ¿Le gusta a Bea hacer deporte?

   Sí, a Bea ______________________________.

2. ¿Le gusta al comisario hacer régimen?

   No, al comisario ______________________________

   ______________________________.

3. ¿Le gustan al comisario los edificios antiguos?

   Sí, al comisario ______________________________

   ______________________________.

4. ¿Le gusta a Bea que el comisario hable mucho de arte?

   No, a Bea ______________________________.

5. ¿Le gustan al comisario y a Bea los cuadros de Fuente?

   No, a Bea y al comisario ______________________________

   ______________________________.

6. ¿Te gusta a ti hacer deporte? ________, a mí ________________________

____.

7. ¿Os gusta a vosotros aprender español? ________, a nosotros

____.

Bea sacó del bolso la llave de la habitación y abrió la puerta.
Entró en la habitación pequeña pero confortable.
Aunque todavía no era mediodía, hacía bastante calor. Bea cerró las ventanas y puso al máximo el aire acondicionado.
Normalmente no le gustaba malgastar energía, pero ella iba a estar sólo un par de minutos en la habitación y empezaba a comprender por qué en Madrid la gente se quejaba tanto por el calor.
La joven oficial de policía estaba a punto de desabrocharse la blusa cuando alguien llamó a la puerta.
Giró la cabeza rápidamente y contestó:
-¿Quién es?
Una voz contestó. A través de la puerta sonaba débil.
Pero era la voz del comisario.
-Bea, soy yo. Ábreme, por favor. Ha pasado algo importante y debemos salir inmediatamente.
-Dios mío -dijo Bea. Se dirigió hacia la puerta. Pensaba qué podía haber pasado. ¿Había vuelto a actuar el ladrón? Cuando el comisario renunciaba a su almuerzo, es que tenía que haber pasado algo verdaderamente grave.

Übung 62: Setzen Sie die reflexiven Verben in die Vergangenheit!

1. Bea __________ (irse – indefinido) a su habitación.
2. Bea __________ (subirse – indefinido) en el ascensor y apretó el botón del segundo piso.
3. Bea no __________ (quitarse – indefinido) la blusa.
4. Anoche, mis amigos y yo __________ (dormirse – indefinido) en el teatro. ¡La obra era aburridísima!
5. Esta mañana, Juan __________ (tropezarse – perfecto) al bajar del autobús y __________ (romperse – perfecto) una pierna.
6. ¿Cuándo __________ (irse – indefinido) tu marido y tú de vacaciones?

La joven abrió la puerta.
En el pasillo estaba el comisario García. Parecía muy sobresaltado.
-¿Qué pasa, comisario?
-Luego te lo explico -dijo casi sin aliento. Casi no podía reconocer su voz-. ¡Tenemos que salir ahora!
-Cojo sólo el bolso y salimos enseguida -contestó Bea.
La joven oficial se precipitó de nuevo en su cuarto. García sacó, sin que Bea se diera cuenta de ello, un papel del bolsillo.
Bea recogió su bolso de encima de la cama y volvió corriendo al pasillo, donde la esperaba el comisario García impaciente.
Bea se encaminó hacia el ascensor, pero el comisario García se paró en la puerta de acceso a las escaleras.
-No, bajemos mejor por la escalera -dijo-, que es más rápido. Iremos por la puerta de atrás, donde tenemos el coche.

Bea se sorprendió de que el comisario prefiriera las escaleras al ascensor. El asunto tenía que ser de verdad urgente.
-¿Un coche? ¿Adónde vamos? -preguntó Bea.
El comisario abrió la puerta de acceso a las escaleras y entró sin cederle el paso a Bea.
-Vamos al Museo Municipal. Hay novedades. Te lo contaré todo de camino.

ÜBUNG 63

Übung 63: Welches Fragewort passt zu den Antworten?

1. Vamos al Museo Municipal.	a) ☐ ¿Desde dónde?
2. Vengo en un cuarto de hora.	b) ☐ ¿Hasta dónde?
3. Mejor vamos por un atajo.	c) ☐ ¿Adónde?
4. El ascensor sube hasta el 6°.	d) ☐ ¿Cuándo vienes?
5. Vamos en coche.	e) ☐ ¿Por dónde?
6. Nos fuimos del hotel.	f) ☐ ¿Cómo vamos?
7. Me caí desde el 2° piso.	g) ☐ ¿De dónde?

El comisario García estaba casi sin aliento. No podría contar demasiado. Tardaron un momento en estar en la calle. Bea nunca había visto a García tan rápido.
Las escaleras conducían directamente al aparcamiento subterráneo del hotel. El comisario sacó unas llaves del bolsillo y se dirigió a un Mercedes plateado.
-Aquí está el coche. Sube.
-¡Guauuu! -exclamó Bea-. ¡Vaya coche! ¿Esto es lo normal en la policía de Madrid? ¿Patrullan las calles en limusina? ¿O es sólo el coche de servicio para los oficiales que vienen de fuera?
El comisario no respondió. Se limitó a apretar un botoncito en la llave y las puertas se abrieron automáticamente.

Übung 64: Lesen Sie weiter und ergänzen Sie die Verben! Achten Sie auf die Zeiten!

García (1. abrir)______ la puerta del asiento del conductor y (2. montarse)______ en el coche.

Bea suspiró. De nuevo el comisario olvidaba abrirle la puerta del coche. Por regla general, solía ser muy caballeroso.

Aunque ella (3. poder)______ abrirse sola la puerta del asiento del conductor.

El comisario, con las prisas, se habría olvidado.

Apenas se hubo sentado Bea, el comisario (4. arrancar)______ el coche. La oficial casi no (5. tener)______ tiempo de cerrar la puerta del vehículo.

-¿Quiere que conduzca yo? -preguntó ella. Bea solía conducir cuando necesitaban ir rápido.

La joven (6. conducir)______ muy bien.

El comisario se limitó a negar con la cabeza. La barrera de la salida (7. levantarse)______.

Bea se abrochó el cinturón de seguridad.

-Gracias, pero yo conozco un poco mejor la ciudad.

-De acuerdo, pero cuénteme de una vez qué (8. pasar)______.

El comisario García (9. pisar)______ el acelerador y (10. saltarse)______ un semáforo en ámbar.

-El ladrón ha vuelto a actuar -informó García-. Estamos en lo cierto: (11. ir)______ detrás del último Fuente, el del Museo Municipal. Debemos presentarnos allí enseguida.

Bea asintió. De pronto recordó algo.
-¿Pero no había informado usted de nuestras sospechas a los encargados de la vigilancia del Museo para que reforzaran la seguridad? -preguntó Bea-. ¿Cómo ha podido entonces el ladrón conseguir el cuadro?

ÜBUNG 65 !

Übung 65: Ergänzen Sie!

El comisario García sonreía mientras se saltaba un stop. Un coche que venía (1. a) ☐ rapidisimo b) ☐ más despacio c) ☐ rapidísimo) ______ que ellos por la derecha tuvo que frenar en seco.
-Phantom es (2. a) ☐ astuto b) ☐ tontísimo c) ☐ más astuto) ______ que nosotros, y ha encontrado el modo de hacerse con el cuadro.
Bea miró por la ventanilla. Esto era (3. a) ☐ mucho raro b) ☐ más raro c) ☐ rarísimo) ______. Conocía Madrid (4. a) ☐ mal b) ☐ más mal c) ☐ peor) ______ que el comisario, pero tenía una idea aproximada de dónde estaba el Museo y dónde el hotel.
-¿No debería haber girado por esa otra calle? El camino por aquí es (5. a) ☐ más larguísimo b) ☐ mejor c) ☐ más largo) ______ -preguntó.

-No, no. Por aquí vamos (6. a) ☐ mejor b) ☐ más corto c) ☐ cortísimo) ________________ -respondió sarcástico el comisario.

De repente la voz le había cambiado por completo. Sonaba mucho (7. a) ☐ fría b) ☐ más fría c) ☐ frigidísima) ________________ y (8. a) ☐ más dura b) ☐ mejor c) ☐ durísima) ________________.

Mucho (9. a) ☐ más amable b) ☐ amable c) ☐ menos amable) ________________ que la del comisario.

-¡Un momento! -gritó Bea-. ¡Usted no es el comisario García! ¿Quién es usted? ¿Qué significa todo esto?

El "comisario", en un gesto rápido, sacó un spray del bolsillo de la chaqueta.

Antes de que Bea pudiera reaccionar, le roció el rostro con un líquido de olor fuerte y nauseabundo.

Bea intentaba respirar. Pero ya era tarde. Empezó a verlo todo borroso. Quería defenderse y no ponerle las cosas tan fáciles al hombre disfrazado de comisario García.

Pero las fuerzas le fallaban. No podía moverse.

Por último perdió el conocimiento.

-¿Qué significa todo esto? -volvió a preguntar, casi en un susurro, antes de quedarse profundamente dormida.

El hombre que se había hecho pasar por García se reía. Se quitó una máscara de goma del rostro. Cualquiera le hubiera confundido con el comisario.

-Ya te lo había dicho ... -dijo el hombre-. Phantom ha encontrado el modo de hacerse con el último cuadro de Fuente ...

Übung 66: Richtig (verdadero) oder falsch (falso)?

1. El comisario García ha raptado a Bea del hotel. ☐
2. Phantom se ha disfrazado de comisario García y ha raptado a Bea. ☐
3. Phantom está interesado por la pintura española del siglo XVIII. Por eso intenta robar todos los cuadros existentes de Miguel Fuente. ☐
4. El comisario García es un grosero. ☐
5. Al comisario García le encanta hacer deporte. ☐
6. El conde de Torrealba ha contratado a Phantom para que le consiga todos los cuadros de Fuente. ☐
7. Phantom tiene un plan para robar el último cuadro que queda de Fuente. Para ello, ha raptado a Bea del hotel. ☐
8. Bea reconoce a Phantom porque no suda. ☐

El comisario había terminado su almuerzo. Tal y como había asegurado, el camarero había retirado enseguida el plato vacío de la mesa y había limpiado las migas, para que Bea no se diera cuenta de nada.

El comisario tenía casi remordimientos. En el fondo Bea se preocupaba sólo por su salud.

¿Pero dónde se había metido ahora?

El comisario miró su reloj.

Hacía más de 30 minutos que Bea había subido a su habitación.

El comisario había pedido otro café con leche y ya había pagado la cuenta, para poder salir en cuanto Bea llegara.

*Übung 67: **Por** oder **para**?*

1. Antes de ir al Museo, pasaremos ____ el hotel.
2. Bea quiere subir un momento a su cuarto ______ refrescarse.
3. Bea se preocupa ______ la salud del comisario.
4. El camarero recoge todo rápido ______ evitar que Bea se entere de que el comisario ha comido demasiado.
5. El comisario ha pagado la cuenta ______ poder salir cuanto antes.
6. Bea pasó ______ el vestíbulo antes de subir a su cuarto.

Bea, sin embargo, no venía. García esperó otros cinco minutos. Nada.

Había empezado a preocuparse. Dejó a un lado el periódico que había estado hojeando.

-¿Desea tomar alguna otra cosa? -preguntó el camarero.

Pero el comisario García ya no tenía ganas de comer nada.

No sabía por qué, tenía un mal presentimiento.

Salió del bar del hotel y atravesó el vestíbulo.

-¿Ha visto usted a mi compañera? -preguntó al joven que estaba al otro lado del mostrador de la recepción-. Una chica joven y rubia.

Übung 68: Unterstreichen Sie die Verben, die eine Bewegung ausdrücken!

-Sí, señor. Hace algo más de media hora que subió a su habitación.

También recogió un par de cartas que había para usted.

A García el correo le daba ahora lo mismo.

-¿La ha visto usted bajar? -volvió a preguntar.
-No. Por aquí no ha pasado. La hubiera visto.
-Ya -se limitó a contestar.
El comisario se encaminó al ascensor. Lo llamó. Pero tardaba demasiado en llegar. Abrió la puerta de las escaleras y se puso a subir a pie. Utilizaba de forma voluntaria las escaleras: estaba preocupado. Llegó rápido al segundo piso. Tan sólo unos segundos después entraba en el pasillo de la segunda planta.
No se veía un alma.
Se apresuró a la habitación de Bea.

La puerta estaba entreabierta.
Eso no podía significar nada bueno.
-¿Bea? -llamó el comisario.
No hubo respuesta.
Con precaución abrió la puerta del todo.
No había nadie en la habitación. Tampoco había rastros de una pelea. Todo normal. Sólo el bolso de Bea estaba en el suelo.
-¿Bea? -volvió a llamar el comisario. Sabía de sobra que no estaba aquí.
Entonces descubrió una nota sobre la cama.
De algún modo sabía que era un mensaje para él. Lo hubiera cogido inmediatamente, pero lo detuvo una idea: quizá hubiera huellas dactilares en el papel.
El comisario sacó un pañuelo de la chaqueta para, con mucho cuidado, coger el papel y desplegarlo.
Había unas líneas escritas con una caligrafía muy cuidada.
-Querido comisario: Si desea ver de nuevo a su encantadora compañera, me tendrá que hacer antes un favor. En una de las salas del Museo Municipal hay un cuadro de Fuente. Es justo el cuadro que le falta a mi colección. ¿Tendría la bondad de conseguírmelo? Hasta

hoy a la medianoche. Le llamaré entonces. Por favor, no desconecte el móvil.
Un saludo cordial, Phantom.
El comisario tuvo que contenerse para no hacer pedazos el papel. Estaba furioso. Pero ese maldito papel era una prueba.
¡Ese miserable ha raptado a Bea! ¡Qué horror!
¡Y la utilizaba como rehén! ¡Qué recurso tan ruin!

Übung 69: Bilden Sie Ausrufesätze mit ***¡Qué ...!***

ÜBUNG 69 !

1. Tengo hambre. ¡Qué hambre tengo!
2. Estoy cansada. ______________________________!
3. Es un recurso ruin. ______________________________!
4. Es un horror. ______________________________!
5. Es una ciudad muy ruidosa. ______________________________!
6. Es una chica muy guapa. ______________________________!
7. Hace mucho calor. ______________________________!

Pero Phantom no se saldría con la suya.
Instintivamente el comisario García cogió el móvil para poner al corriente a sus compañeros.
Ese criminal no podría llegar muy lejos.
Pero no llegó a marcar el número.
Informar a los compañeros era peligroso.

Übung 70: Setzen Sie bitte die folgenden Verben ein!
(poder, querer** oder **tener que + infinitivo)

No (1) __________ olvidar que Bea dependía de él. Sólo había dos posibilidades: En primer lugar (2) __________ informar a sus compañeros del rapto. De este modo (3) __________ pedir al Museo Municipal autorización para (4) __________ negociar con el cuadro de Fuente.

El comisario García suspiró. Esto no iba a funcionar.

(5) __________ hacer las cosas por la vía legal, pero sabía exactamente lo largo que era todo el procedimiento. Tan sólo en rellenar formularios emplearía un día entero. Y si el Museo (6) __________ colaborar.

El comisario García veía claro que era la segunda posibilidad la que entraba en los cálculos de Phantom.

Él, el comisario García, (7) __________ robar el cuadro de Fuente del Museo Municipal.

Cuando Bea se despertó, la cabeza le daba vueltas. Durante un momento no sabía si seguía soñando.

Lo último de lo que se acordaba era del hombre que se hacía pasar por el comisario sentado en el coche. Le había rociado la cara con algún líquido y había perdido el conocimiento.

Ahora estaba tendida en una cama. La almohada era de seda.

El aire de la habitación era agradable. Había una ligera fragancia a flores frescas.

Desde la cama echó un vistazo a su alrededor. Las cortinas estaban echadas, pero el sol atravesaba la tela blanca.

De algún lugar llegaba el suave rumor de un piano.

La habitación estaba decorada con estilo (y muy caro). Una extraña y elegante combinación de antigüedades y objetos modernos. En otras circunstancias, Bea se hubiera encontrado muy a gusto.

De repente se dio cuenta de que había un hombre de espaldas a ella, que miraba por la ventana. Parecía no haberse dado cuenta de que Bea estaba despierta.

Übung 71: Formen Sie die Sätze nach dem Beispiel um!

Bea se despertó. El hombre miraba por la ventana.

Cuando Bea se despertó, el hombre estaba mirando por la ventana.

1. El teléfono sonó. Yo me lavaba los dientes.

 ______________________________.

2. Llegaste a casa. Yo dormía y no te oí.

 ______________________________.

3. Fuimos al restaurante. Los camareros recogían las mesas.

 ______________________________.

4. Por fin encontré tu portal. Ya acababa la fiesta.

 ______________________________.

5. Me levanté. Amanecía.

 ______________________________.

6. Mi novia llamó a la puerta. Me afeitaba.

 ______________________________.

Bea pensó por un momento en la posibilidad de atacar al hombre, que le daba la espalda, por sorpresa.
Aunque se sentía aún muy débil. Quizás no podría ni levantarse.
-No se esfuerce -dijo de repente el hombre de la ventana en un tono tranquilo. Parecía leer los pensamientos de Bea-. No creo que esté en condiciones de defenderse.
Bea se incorporó. Tenía razón el desconocido, el más pequeño movimiento le costaba mucho esfuerzo.
-Tranquilícese -dijo el tipo-. En seguida se sentirá mejor. Si lo permite, puedo ofrecerle algo de comer o de beber.
-Muy amable -dijo Bea, aún con la voz algo dormida-. Prefiero que me diga quién es usted.
-¿Quién quiere que sea? -preguntó el hombre.
Entonces dio media vuelta.
La joven oficial había visto muchas cosas en el tiempo que llevaba trabajando de policía; pero esto era demasiado.
El hombre ahora la miraba ...
No tenía rostro.

ÜBUNG 72 !

Übung 72: Welches Wort ist das „schwarze Schaf“? Unterstreichen Sie!

1. débil, enfermo, en forma, endeble
2. levantarse, acostarse, dormir, ponerse de pie
3. hombre, tipo, señor, policía
4. hermana, señora, mujer, chica
5. rostro, cara, faz, máscara
6. rápido, despacio, lento, amable

Bea estuvo a punto de desmayarse por segunda vez, pero no quiso darle ese placer al hombre, que ahora se reía.

-Perdone, señorita Schramm. No era mi intención asustarla.
De hecho tengo un rostro de verdad, como todo el mundo. Lo que ve es una especie de base, que utilizo para cambiar de máscara con rapidez. Comprenda que no le enseñe mi verdadero rostro. Eso es … mi secreto profesional.
Bea se esforzaba por mirar al hombre a los ojos.
-Entonces, estoy hablando con Phantom -dijo ella. Podría haber pensado que él estaba detrás del rapto.
-¿Qué quiere con todo esto? -siguió Bea preguntando-. ¿por qué me ha traído aquí? ¿Tanto le interesan esos cuadros horrorosos?
Phantom volvió a reír.

Übung 73: Setzen Sie die fehlenden Wörter ein!
(ante, casi, de (2×), francamente, para, por, pronto)

-Tiene razón. Los cuadros de Fuente son (1) ________ horrorosos. Yo nunca los hubiera robado (2) ________ mí mismo. Es, (3) ________ así decirlo, un encargo.

-Ya. ¿(4) ________ quién?

-De su anfitrión. Si se siente con fuerzas, puedo presentárselo.

-Si me siento con fuerzas … -repitió Bea. Se levantó (5) ________ la cama como respuesta.

En un primer momento, (6) ________ perdió la visión.
Pero disimuló. No quería mostrarse débil (7) ________ su raptor.

Phantom la miraba impresionado.

-Se ha recuperado usted asombrosamente (8) __________. Mucho mejor, así no haremos esperar al conde.

Phantom abrió la puerta y salío.

Bea lo siguió al pasillo. Hacía esfuerzos para que no le temblaran las piernas. Los techos del pasillo eran altísimos y estaban decorados con estuco.
Las alfombras eran una obra de arte.
Al parecer estaban en un antiguo palacete, o en un castillo.
-¿Impresionada? -preguntó Phantom-. Pues espere a ver el resto.
Bea siguió a Phantom escaleras abajo.
La música del piano se iba haciendo cada vez más alta. Bea no entendía mucho de música clásica, pero la pieza era muy hermosa y parecía difícil.
Quien así tocaba, tenía que ser un buen pianista.
Llegaron al final de la escalera. En una sala amplia y bien decorada había un piano de cola. De aquí provenía la música.
-Señor conde -dijo Phantom-. Su invitada está despierta.
-Un momento, por favor -dijo una voz al otro lado del piano. Bea no podía ver el rostro-. Permítanme terminar la sonata. Hay cosas que deben respetarse. Además, es de Beethoven, señorita Schramm: en cierto modo viene de su patria.
-Me alegra comprobar -dijo Bea-, que todos conocen mi nombre aquí. ¿Podría yo también saber con quién tengo el dudoso placer de hablar?
La sonata llegó a su fin. Cuando sonó la última nota, se levantó el pianista. Llevaba puesto un traje blanco, anticuado. El pelo peinado hacia atrás y barba.

El desconocido pianista hizo una pequeña reverencia al tomar la mano de Bea.
-Permítame. Soy el Conde de Torrealba.

Übung 74: Bilden Sie die Steigerungsformen!
(alto, más alto que, altísimo)

1. bajo ______________________
2. antiguo ______________________
3. amplio ______________________
4. grande ______________________
5. bueno ______________________
6. malo ______________________
7. rápido ______________________
8. dulce ______________________
9. largo ______________________

Era el día más largo de su vida. El comisario García no dejaba de pensar en Bea. Pero no podía hacer nada. Si hablaba con alguien, ponía en peligro la vida de su compañera.
El comisario planeaba cómo robar el cuadro del museo.
La única posibilidad de salvar a Bea era cumplir con lo que Phantom pedía y robar el cuadro.
Una vez que Bea estuviera a salvo, ya vería cómo hacer que Phantom no se saliera con la suya.
Ya lo tenía todo planeado. Ahora le quedaba esperar.

Tendría que actuar de noche, cuando el museo cerrara sus puertas al público.

No sería nada fácil acceder al cuadro.

Pero lo tenía que conseguir. El comisario andaba nervioso de un lado a otro de la habitación. Por fin decidió bajar un rato al bar del hotel. Se sentó en la mesa de la ventana. Miraba continuamente el reloj. El camarero se acercó a la mesa con la carta.

-¿Quiere comer alguna cosa? -preguntó alargándosela.

ÜBUNG 75 !

Übung 75: Welche Übersetzung ist richtig?

1. Es ist überhaupt nicht einfach.
   a) ☐ No es fácil.
   b) ☐ No es muy fácil.
   c) ☐ No es nada fácil.
2. Der Kommissar denkt gerade darüber nach, wie er an das Bild herankommt.
   a) ☐ El comisario piensa en cómo robar el cuadro.
   b) ☐ El comisario está pensando en cómo conseguir el cuadro.
   c) ☐ El comisario está pensado en cómo robar el cuadro.
3. Der Kommissar würde das Gemälde aus dem Museum stehlen müssen.
   a) ☐ El comisario tendría que robar el cuadro del Museo.
   b) ☐ El comisario desearía robar el cuadro del Museo.
   c) ☐ El comisario podría robar el cuadro del Museo.

4. Der Kellner hielt eine Speisekarte in der Hand.

a) ☐ El camarero tenía la carta en las manos.

b) ☐ El camarero tenía la carta en sus manos.

c) ☐ El camarero sostenía la carta en sus manos.

5. Möchten Sie etwas zu essen?

a) ☐ ¿Me permite traerte algo de comer?

b) ☐ ¿Quiere comer alguna cosa?

c) ☐ ¿Puedo ofrecerle algo para comer?

-No, gracias. Tráigame un botellín de agua. No tengo hambre.
El comisario García sabía que no tener hambre era en él un mal síntoma.
Pero no hubiera conseguido tragar ni un solo bocado. No, sabiendo que Bea estaba en peligro.
El comisario golpeaba en la mesa con los dedos. Se puso a mirar su cuaderno de notas, que había bajado sin pensar al bar.
Allí tenía escrito todo lo referente al caso.
La clave estaba en esos dichosos cuadros. ¿Por qué?
García no conseguía ver la relación.

Übung 76: Lesen Sie weiter und unterstreichen Sie die Verben im Plusquamperfekt!

Todos los cuadros eran paisajes, y en todos aparecía el motivo de gente de la nobleza, con costosos vestidos, merendando en el campo. El camarero había dejado hacía tiempo una botella abierta de agua mineral y un vaso con un par de cubitos de hielo en la mesa. García ni se había dado cuenta. Estaba sumido en sus pensamientos. El hielo se deshacía.

Al menos un punto estaba totalmente claro. Los cuadros de Fuente pertenecían a un mismo único grupo. Si se colgaran todos juntos, uno al lado del otro, tendríamos una escena completa de una merienda campestre. Algo así como una panorámica.
El comisario García sabía que ese tipo de series de pinturas habían estado de moda hace un par de siglos.
Quizá aquí estuviera encerrado el misterio. Y la clave sería el último cuadro, que aún estaba en el Museo Municipal.
De nuevo consultó el reloj.
Era hora de ponerse en marcha.

El Conde de Torrealba tomó la mano de Beatriz con delicadeza e hizo una pequeña reverencia.

ÜBUNG 77

*Übung 77: Unterstreichen Sie jetzt die Verben im **subjuntivo**!*

-Es un verdadero placer. Me alegra que al fin podamos conocernos, señorita Schramm -dijo-. Phantom me ha hablado mucho de usted y de su jefe, el comisario García. Espero poder conocerlo también pronto.
-Lamento no poder decir lo mismo -dijo Bea sin disimular su enfado.
El conde sonrió.
-Comprendo perfectamente que esté un poco molesta con nosotros. Pero puedo asegurarle que a mis invitados no les falta nunca nada. ¿Desea alguna cosa determinada? -preguntó el conde.
-Lo único que quiero es que me explique por qué me ha traído aquí a la fuerza. ¿Qué tiene ese cuadro de especial para interesarle a usted tanto?
-Veo que no puede dejar el trabajo de lado. Bien, me gusta. Quizá necesite en el futuro a alguien como usted. Cuando mi plan dé sus primeros frutos …

-No cuente con ello, señor conde. No pienso trabajar nunca con un criminal como usted.
-Criminal es una palabra horrible -respondió el conde un poco molesto-. Yo sólo tomo lo que por nacimiento me corresponde.
Bea miró inquisitivamente al conde.
-¿Quiere hacerme creer que los cuadros de Fuente le pertenecen a usted?
-No, no. Esos cuadros me sirven de ... ¿cómo dicen ustedes en la policía? ... ¡de prueba!
Bea no entendía nada.
-Me parece que está usted un poco confundida -dijo el conde divertido-. Tenga la amabilidad de acompañarme. Le mostraré lo que quiero decir con todo esto.

*Übung 78: **Tú** oder **usted**?*

1. Señorita, ¿ ____________ (poder) darme el número de teléfono del Aeropuerto del Prat?
2. Luis, ¿ ____________ (tener) veinte euros para dejarme? Te los doy mañana.
3. Ein Kellner im Café: ¿Qué ____________ (desear) tomar?
4. Zu einem Unbekannten auf der Straße: ¿ ____________ (tener) fuego?
5. Zu einem Studenten an der Uni: ¿ ____________ (tener) hora?
6. Mamá, ¿ ____________ (gustar) mi regalo?
7. Zum Lehrer: ¿ ____________ (poder) volver a explicar las formas de cortesía en español?

El conde de Torrealba señaló una puerta en uno de los extremos de la sala. Luego se volvió a Phantom. El hombre sin rostro había escuchado toda la conversación sin decir palabra.

-¿Viene usted también, querido amigo? -preguntó el conde.

-No. Muchas gracias, pero no necesito volver a verlo. Además, tengo que preparar aún un par de detalles. Va siendo de noche y el comisario está a punto de venir con el cuadro.

-Espero que no se equivoque -dijo el conde-. ¡El cuadro tiene que ser mío! Ya sabe lo importante que es ...

-No se preocupe -respondió Phantom-. Confío plenamente en el comisario.

Bea se volvió hacia el ladrón.

-Yo también. Le aseguro que se las tendrá que ver con él.

-Eso ya lo veremos -intervino el conde-. Pero ahora le mostraré mi pequeña colección privada. Si me acompaña ...

Un poco impaciente, el conde atravesó la sala en dirección a la puerta que había señalado. Bea lo siguió. Disimuladamente miró cómo Phantom salía en la dirección opuesta, a través de una gran puerta.

La joven oficial se sentía aún un poco débil, pero ésta era quizá su oportunidad.

No tendría muchas dificultades para reducir al conde.

El conde abrió la puerta, y la sostuvo para que Bea pasara.

-Entre. Es por aquí.

Bea comprobó que no podría huir. En la siguiente sala, tan lujosa como la anterior, esperaban al conde dos musculosos guardaespaldas.

Estaban sentados en un sofá.
Se levantaron cuando vieron entrar al conde.
Los tipos eran grandes como armarios. No tenía posibilidades.
El conde hizo un gesto, y los guardaespaldas abandonaron el cuarto.
Pero Bea sabía que no andaban muy lejos y que, aunque redujera al conde, tarde o temprano se tendría que ver con ellos.
No quedaba más remedio que seguir el juego al conde. Por lo menos se enteraría de una vez del misterio de los cuadros.

Übung 79: Verbinden Sie die beiden Sätze und benutzen Sie dabei ein Relativpronomen mit Präposition!

ÜBUNG 79 !

1. El conde espera un cuadro. Con el cuadro completará la colección.

   El conde espara un cuadro con el que completará la coleccion.

2. El palacio está lujosamente decorado. En el palacio vive el conde.

   ____
   ______________________________.

3. El conde conduce a Bea a una sala. En la sala están los cuadros robados.

   ____
   ______________________________.

4. En la sala hay dos guardaespaldas. Con los guardaespaldas Bea no había contado.

   ____
   ______________________________.

5. Phantom espera la hora acordada. En la hora acordada le traerá el comisario el cuadro.

....

6. El comisario ya tiene un plan. Con el plan robará el cuadro del Museo.

....

....

El conde cruzó la sala. Era tan amplia como la vivienda entera de Bea. Se detuvo enfrente de una de las paredes de la sala.
Levantó la mano y señaló una serie de cuadros colgados en esa pared.
Eran los cuadros robados.
Justo en el centro había aún un hueco libre ...
El comisario García esperaba frente al mostrador de una agencia de alquiler de vehículos.
Esperaba impaciente su turno. Un cliente delante de él rellenaba unos formularios. Al comisario le parecía que tardaba siglos.
Miraba nervioso el reloj.
Por fin le tocaba a él.

Übung 80: Setzen Sie die fehlenden Wörter ein!
(rellenar, ordenador, carné de conducir, alquilar, aparcamiento, furgoneta, taller, impresora)

-Buenas tardes. Quisiera (1) ______________ un coche.

-De acuerdo -contestó la muchacha de detrás del mostrador-. ¿Qué tipo?

-Si puede ser, una (2) ______________.

La chica tecleó algo mientras miraba la pantalla del

(3) ______________.

-Tiene suerte. Todavía tenemos una disponible. ¿Para cuándo sería?

-Para ahora mismo, si es posible.

-Por supuesto. ¿Cuánto tiempo quiere alquilarla?

El comisario esperaba que todo terminara en un par de horas.

-Un día -respondió.

-¿La quiere con seguro a todo riesgo? -preguntó la chica.

-Por supuesto.

En caso de una persecución, no quería tener que pagar luego la factura del (4) ______________.

La muchacha seguía tecleando en el ordenador. Luego puso en funcionamiento la (5) ______________.

El comisario tuvo que presentar su (6) ______________ y su carné de identidad, además de (7) ______________ un par de formularios.

Unos minutos después, ya tenía las llaves del vehículo. Salío de la oficina y se fue al (8) ______________ a recoger el coche. Localizó la furgoneta, casi sin estrenar, y se montó.

Ya no había marcha atrás.
Como cada tarde, las calles de Madrid estaban atestadas de vehículos.
Nervioso, el comisario no dejaba de mirar su reloj. Delante de él se paró un coche y tuvo que dar un frenazo.
Normalmente no solía conducir de ese modo, pero no dejaba de pensar en lo que le podía pasar a Bea.
Para que el plan que había preparado funcionara, tenía que llegar al Museo lo antes posible.
Por fin se puso el semáforo en verde. Los coches comenzaron a moverse. García pisó el acelerador.

ÜBUNG 81

Übung 81: Bilden Sie die richtigen Zeiten!
(indefinido, pretérito perfecto** oder **pretérito pluscuamperfecto)

García dio el intermitente y (1. girar) ______________ por la calle de la derecha.

El Museo (2. estar) ______________ al final de esa calle. (3. ser) ______________ increíble, pero (4. haber) ______________ un hueco libre para aparcar justo enfrente.

Pero no (5. dejar) ______________ allí el coche. No (6. contar) ______________ con encontrar a esas horas un hueco libre en la calle del Museo.

Por eso, tal y como (7. planear) ________ en la habitación del hotel, (8. pasar) ________ de largo por el Museo y (9. aparcar) ________ el coche en una calle cercana. (10. tener) ________ que buscar unos minutos hasta encontrar un hueco libre.

Perfecto. El comisario García (11. cerrar) ________ la puerta y (12. andar) ________ un par de minutos hasta el Museo.

Eran las seis menos veinte.

Cuando el comisario subía los escalones del Museo, un policía uniformado salió a su encuentro.

-Lo siento, señor, pero el Museo permanece cerrado hasta nuevo aviso.

García sacó su identificación de la cartera.

-Lo sé. Yo mismo lo recomendé. Soy el comisario García.

-¡Ah! Comisario, por favor, pase, pase -dijo mientras le abría la puerta para que entrara al Museo.

Pasó al vestíbulo del Museo. Lo normal es que hubiera aún visitantes paseando y viendo los folletos de las exposiciones. El Museo Municipal de Madrid es de verdad muy interesante.

En otras circunstancias, el comisario no habría perdido una visita. Pero ahora tenía otras cosas en qué ocuparse.

El cuadro de Fuente estaba en la parte trasera del Museo.

Los organizadores no lo habían juzgado de suficiente calidad como para colgarlo en una de las salas principales del Museo.

ÜBUNG 82 !

Übung 82: Formen Sie nach dem Beispiel um!

Llegó al Museo. Habían cerrado el Museo.

Cuando llegó al Museo, ya lo habían cerrado.

1. El comisario subió a la habitación. Phantom ya había raptado a Bea.

   ____

   ______________________________.

2. Llamó por teléfono. Ya me había acostado.

   ____

   ______________________________.

3. Bajó al restaurante. El comisario se había comido las tortitas.

   ____

   ______________________________.

4. Patricia fue a la universidad. Aún no había cumplido los 18 años.

   ____

   ______________________________.

5. Phantom se escapó de la cárcel. Aún no había cumplido la condena.

   ____

   ______________________________.

El comisario García atravesó rápidamente las diferentes salas, sin prestar atención a los cuadros que estaban expuestos.
Por fin llegó a una sala más pequeña, donde estaba colgado el cuadro de Fuente.
Un policía joven estaba sentado en una mesita. Sobre la mesita había unas hojas, una taza humeante y un termo.
Cuando vio entrar al comisario se puso en pie tan rápido que le cayeron unas gotas de café en la chaqueta.

Übung 83: ***Ser, estar*** *oder* ***hay****?*

ÜBUNG 83 !

-(1) ________ bien -dijo García simpático. Sonreía al joven-. (2) ________ el comisario García. He venido sólo a comprobar si todo (3) ________ en orden. ¿(4) ________ alguna novedad?

-No, comisario -respondió el policía-. Esto (5) ________ muy tranquilo. No he visto nada ni a nadie.

-Bien. Muy bien -dijo García. Luego se acercó al cuadro. No (6) ________ ninguna barrera y quiso mirarlo bien de cerca.

-¡Cuidado! -gritó el policía.

García se quedó parado.

-El cuadro (7) ________ protegido con un sistema electrónico -explicó el policía-. Si se acerca más, saltará la alarma.

-Ya veo -dijo García-. Y ... ¿cómo funciona exactamente ese sistema?
El policía se mostró orgulloso.
-Si alguien intenta robar el cuadro, se llevará una sorpresa ...

Se dirigió a una cajetilla de la pared y la abrió.

-El sistema de alarma no comunica sólo con la central de policía, sino que se conecta también con este pequeño dispositivo. Es lo último en sistemas antirrobo. Si la alarma salta, se activa esta cápsula de humo. En pocos segundos la habitación se llena de una niebla espesa, que no permite ver nada. Parecido a las cortinas de humo que se usan en las discotecas.

El comisario asentía durante toda la explicación.

-Yo ya soy un poco mayorcito para discotecas, me temo.

-Sí, claro -continuó el policía sin hacer mucho caso. Pero el sistema es el mismo. En las joyerías se emplea desde hace tiempo con éxito.

-Muy interesante -dijo el comisario-. ¿Y cómo se desconecta todo?

-Apretando aquí -indicó el policía. Con el dedo señalaba un botón.

-Ya veo.

*Übung 84: Was drückt das Futur in den folgenden Sätzen aus: zukünftiges Geschehen (**Z**) oder Vermutung (**V**)?*

1. Si se acerca más, saltará la alarma. ☐
2. ¿Qué hora es? -No lo sé, serán las cinco aproximadamente. ☐
3. Si alguien intenta robar el cuadro, se llevará una sorpresa. ☐
4. ¿Cuál será el motivo por el que el conde codicia los cuadros de Fuente? ☐
5. Si consigue sus objetivos, el conde será inmensamente rico. ☐
6. A medianoche, Phantom llamará al comisario. ☐
7. El comisario está preocupado. ¿Estará Bea todavía bien? ☐
8. Me duele mucho la cabeza. Será por el calor que hace en Madrid. ☐
9. Mañana saldremos por fin de vacaciones. ☐

El comisario se acercó un poco más ... y apretó el botón.
El otro policía no lo podía creer.
-Pero ..., ¿qué está haciendo?
El comisario García dio un suspiro.
-Algo que no me gusta nada. Tengo que tomar prestado el cuadro. Es un caso excepcional: la vida de una compañera nuestra está en peligro.
El joven policía comprobó horrorizado que el comisario le apuntaba con una pistola.
El comisario nunca hubiera llegado a apretar el gatillo, pero sabía que al ver la pistola el otro se asustaría.
Con la mano que le quedaba libre, el comisario sacó un par de esposas del cinturón.
-Túmbate en la mesa, por favor -dijo en un tono amable-. Necesito algo de margen, antes de dar a los demás la voz de alarma. Créeme, lo siento mucho.
El joven policía se limitó a seguir las instrucciones de García.
El comisario se guardó la pistola, que ni siquiera estaba cargada.
Luego se dirigió al cuadro y lo descolgó.
En ese momento se le ocurrió una idea.
Se dirigió al dispositivo que controlaba el sistema de alarma y sacó la cápsula que producía la niebla.
-Quizá la pueda necesitar más adelante -dijo mientras se la metía en el bolsillo de la chaqueta.
Se dirigió de nuevo al policía:
-¿Está todo bien? ¿Quieres que cierre el termo para que no se enfríe el café?
El joven policía lo miró. Ya no estaba asustado.
-No, muchas gracias. Esperaré quince minutos para pedir ayuda. ¿Será suficiente con ese tiempo? No sé lo que se propone, pero mucha suerte.

El comisario García dio una palmada en la espalda del policía.
-Gracias.
Después salió corriendo con el cuadro hacia el cuarto de baño.

ÜBUNG 85 !

Übung 85: Übersetzen Sie!

1. Alarmanlage ____________________
2. Rauchkapsel ____________________
3. Juweliergeschäft ____________________
4. Verbrechensbekämpfung ____________________
5. Stadtmuseum ____________________
6. Ausstellungsstücke ____________________
7. Parklücke ____________________
8. Wagenschlüssel ____________________
9. Führerschein ____________________

Apenas entró, sonó el móvil en el bolsillo.
Phantom le había enviado un mensaje.
"Diríjase al palacio del conde de Torrealba. A medianoche. No olvide el cuadro. Phantom".

En medio de la lujosa sala, Bea contemplaba despacio los cuadros. Eran en total cinco. Uno al lado del otro. Eran todas escenas campestres, con el motivo común de una merienda de gente de la nobleza.

De hecho, todos los cuadros en conjunto parecían ser uno sólo: el grupo de nobles se había dividido en grupitos que merendaban en la campiña.

Pero, ¿qué tenían los cuadros de particular? Bea miró al conde en busca de una explicación.

-Sigo sin entender por qué estos cuadros tan ridículos son para usted tan valiosos.

Übung 86: Finden Sie die Gegensatzpaare!

1.	subirse a	a) ☐	terminar de
2.	venir a	b) ☐	venir de
3.	empezar a	c) ☐	bajarse de
4.	irse a	d) ☐	salir de

ÜBUNG 86 !

El conde tomó de un pequeño mueble-bar una botella de cognac y se sirvió una copa.

-¿Me acompaña? -ofreció el conde.

-Preferiría algunas respuestas -respondió Bea cortante.

-Con mucho gusto. Mire, los cuadros en sí no valen mucho, lo que tiene un valor incalculable es lo que representan.

-¿Unos cuantos marqueses y duques merendando en el campo?

-Oh, no son unos cuantos marqueses y duques, querida, sino la corte del rey Felipe V.

El conde se dirigió a uno de los cuadros y señaló con el dedo a un personaje ricamente vestido, sentado en una tela, que sostenía una copa de vino en la mano.

-Si se fija bien, puede ver aquí al propio rey Felipe V. El mismo encargó a Fuente, un mediocre pintor, pintar en varios cuadros una merienda en la que participaban los miembros de la corte. Como un recuerdo, diríamos. Hoy se harían fotos. En la época había que pagar a un pintor.

-Ya veo -dijo Bea. Seguía sin comprender adónde quería llegar el conde de Torrealba.

-Miguel Fuente se subió a un pequeño cerro, y desde allí dibujó rápidos bocetos de la merienda de los cortesanos. Y también desde allí descubrió Fuente algo interesantísimo: la Reina se había separado del grupo del Rey, y se había adentrado en una pequeña arboleda. Lejos de miradas impertinentes.

-Y no se fue allí sola ... ¿me equivoco? -interrumpió Bea.

-No. Muy bien. No estaba sola. La Reina se servía de esas meriendas para algunas aventuras. Con un conde de la corte. Y esas aventuras no acabaron allí. A los nueve meses la Reina tuvo un hijo. Nadie dudó de que el padre era el Rey. Sólo tres personas conocían la verdad: la Reina, aquel conde y el pintor Fuente. Pero el Rey había encargado los cuadros en secreto, para dar una sorpresa a la Reina. ¡Y qué sorpresa! Un día Fuente pidió audiencia con la Reina, para presentarle los cuadros. Y uno de los cuadros mostraba ...

-... a las claras las aventuras de Su Majestad. Y Fuente hizo chantaje a la Reina.

-Exacto -continuó el conde-. Así es. Esa es la razón por la que Fuente, a pesar de ser un pintor mediano, recibió muchos encargos de la Corte. Imagínese lo que hubiera pasado si el Rey se habría enterado de la historia ...

Übung 87: Sind folgende Behauptungen richtig (verdadero) oder falsch (falso)?

ÜBUNG 87 !

1. Los cuadros que pintó Fuente representan a un grupo cualquiera de marqueses, duques y condes. ☐
2. Fue la propia Reina Isabel de Farnesio la que encargó a Fuente hacer una serie de cuadros sobre una merienda campestre de la Corte. ☐
3. La Reina utilizaba esas excursiones al campo para verse con su amante. ☐
4. Fuente pintó los cuadros desde un montículo. Desde ahí descubrió que la Reina tenía un amante. ☐
5. Miguel Fuente, que era un pintor mediocre pero un súbdito fiel, guardó el secreto de las aventuras de la Reina. ☐
6. La Reina tuvo un hijo con su amante. Todos creían que el padre era Felipe V. Sólo la Reina, el amante y Miguel Fuente sabían la verdad. ☐
7. Los cuadros de Miguel Fuente estuvieron verdaderamente de moda en la Corte. ☐

Übung 88: Unterstreichen Sie die mit ***que*** *eingeleiteten Relativsätze!*

ÜBUNG 88 !

-Ahora entiendo la historia que los cuadros representan. Pero sigo sin ver qué tiene que ver todo esto con usted.
-¿No? ¿De veras? A ver, piense despacio. El amante de la Reina era el conde de Torrealba, que era antepasado mío. No la voy a aburrir con detalles que no comprenderá: las reglas que determinan la línea de sucesión al Trono de España son muy complejas. Le diré sólo que si consigo demostrar que mi antepasado fue el verdadero padre del hijo de la Reina, entonces la línea de sucesión cambiaría un poco . . .

-¿Un poco? -dijo Bea, que se sentía algo mareada con las conclusiones que iba adivinando.
-Bueno, en realidad bastante -siguió el conde-. El cuadro que el comisario está a punto de traerme muestra claramente a la Reina con su amante. Es la prueba que me falta para hacer legítimas mis aspiraciones al Trono. Seré rey de España.

ÜBUNG 89 !

Übung 89: Auf welches Wort bezieht sich das Relativpronomen?

1. Ahora entiendo la historia **que** los cuadros representan
   a) ☐ ahora b) ☐ cuadros c) ☐ historia
2. El amante de la Reina era el conde de Torrealba, **que** era antepasado mío.
   a) ☐ amante b) ☐ Torrealba c) ☐ conde
3. No la voy a aburrir con detalles **que** no comprenderá.
   a) ☐ detalles b) ☐ la c) ☐ aburrir con detalles
4. Las reglas **que** determinan la línea de sucesión al Trono de España son muy complejas.
   a) ☐ reglas b) ☐ línea de sucesión c) ☐ Trono de España
5. Bea se sentía mareada con las conclusiones **que** iba sacando.
   a) ☐ Bea b) ☐ mareada c) ☐ conclusiones
6. El cuadro **que** el comisario está a punto de traerme muestra claramente a la Reina con su amante.
   a) ☐ Reina b) ☐ cuadro c) ☐ comisario

El comisario García detuvo el coche a la entrada del palacio. Nadie lo había seguido. Había abandonado el Museo a través de la ventana del cuarto de baño. Seguramente la policía ya lo andaba buscando. Pero toda su preocupación era ahora salvar a Bea.

El comisario paró el motor y abrió la puerta. Cogió el cuadro del asiento del copiloto y se bajó del coche.
Ni siquiera lo había mirado con detenimiento. Ahora tampoco le prestó demasiada atención.
Mostraba a una pareja de enamorados que, sentados sobre una tela en el campo, se besaban. Como todos los otros, una cursilada.
De repente surgió de entre las sombras una figura.

Übung 90: Ordnen Sie die Buchstaben zu einem sinnvollen Wort!

ÜBUNG 90 !

-Un cuadro muy (1. surci) ________ -dijo el desconocido.

El comisario García se acercó para ver el (2. ostror)____ de aquel hombre.

Necesitó un par de (3. dogensus) ________ para darse cuenta de que no tenía rostro alguno.

-Phantom ..., supongo -dijo García a modo de (4. uslado) ________.

-El mismo. Aunque ya nos conocemos. Veo que ha traído el cuadro. Muy bien, la (5. oniicat) ________ alegrará al conde. Por fin podré coger el (6. inedor) ________ y largarme.

El hombre concluyó con una (7. jaccarada) ________. García no pudo evitar sobrecogerse cuando en aquella boca sin labios se dibujó una (8. snorias) ________.

-Pero qué hacemos aquí parados charlando. Entremos, entremos, que el conde nos espera impaciente -dijo Phantom.

Al comisario todo aquello no le hacía ninguna gracia. Siguió a Phantom hacia el palacio.

Ambos entraron en la sala principal, adonde Phantom condujo al comisario directamente.

Los guardaespaldas estaban aún a la puerta. Miraron al comisario de arriba abajo.

Con escepticismo les permitieron el paso.

Una sonrisa inconsciente se dibujó en el rostro del comisario cuando, al entrar al salón, vio a Bea.

-¡Bea! ¡Gracias a Dios! ¿Te encuentras bien? -exclamó el comisario, que no pudo ocultar su preocupación.

Bea lo tranquilizó.

-No se preocupe. Me encuentro perfectamente.

! ÜBUNG 91

Übung 91: Bilden Sie den verneinten Imperativ!

Preocúpese → *No se preocupe.*

1. Cómelo ....
2. Dame el periódico ....
3. Súbete al coche ....
4. Inténtalo ....
5. Levántate pronto ....
6. Pase al salón ....
7. Dígame la verdad ....

Un hombre con un traje algo pasado de moda y barba se acercó al comisario.
Sin embargo, lo único que miraba en realidad era el cuadro que García aún traía consigo.

Übung 92: Unterstreichen Sie alle Verben für „sprechen“ oder „sagen“!

-Comisario García -dijo el hombre-. ¡Qué alegría conocerlo personalmente! Y veo que, como buen invitado, ha traído un regalo. Permítame que me presente: soy en conde de Torrealba.
Sin más preámbulos, arrebató el cuadro al comisario. Lo sostuvo un rato en alto, mientras lo examinaba.
De pronto estalló en una carcajada.
-Por fin, por fin ... ¡El cuadro que faltaba! ¡Ya nada me impide ser rey de España!
El comisario dirigió una mirada interrogante a Bea.
-Es una larga historia, comisario. Mejor se lo explico todo en otro momento -dijo la joven alemana.
Si es que hay otro momento, pensó el comisario. Este conde de Torrealba al parecer estaba loco.
Y los criminales locos son siempre impredecibles.
Antes de que García pudiera decir nada, Phantom apareció de nuevo en el salón. Había salido un momento y ahora venía con un maletín, como el de un actor, en la mano.
-Si no tuviera inconveniente en pagarme -dijo al conde-, me gustaría despedirme ahora mismo.
El conde, antes de responder, colgó el cuadro en el hueco que quedaba. Después se sacó algo del bolsillo de la chaqueta.
Phantom creía que era un fajo de billetes.
Y así lo parecía.

Übung 93: Formen Sie die direkte Rede in indirekte Rede um!

1. El inspector Hudson dice: “Phantom es un criminal peligroso.” →
   El inspector Hudson dice que Phantom es un criminal peligroso.

2. El recepcionista del hotel dice al comisario: “No he visto a su compañera.”

   ____

   ______________________________.

3. Bea pregunta al conde: “¿Qué tienen los cuadros de Fuente de valiosos?”

   ____

   ____

   ______________________________.

4. El comisario decide: “Robaré el cuadro para salvar a Bea.”

   ____

   ______________________________.

5. El conde explica: “Puedo aspirar al Trono de España.”

   ____

   ______________________________.

6. Phantom y el comisario piensan: “El conde está loco.”

   ____

   ______________________________.

7. El comisario pregunta a Bea: "¿Te encuentras bien?"

8. Phantom dice: "Quiero mi dinero."

9. Todos piensan: "El conde saca un fajo de billetes."

Pero en realidad, el conde había sacado una pistola.
Con una sonrisa de perturbado apuntó a Phantom.
-Tiene toda la razón. Ya es tiempo de que le pague lo que le debo. Y ya que estoy saldando cuentas, aprovecharé para librarme de algunos testigos incómodos. Al decir esto último, miró a Bea y al comisario.
Phantom parecía tranquilo.
-Mi querido señor conde, del futuro rey de España hubiera esperado algo más de clase. Me decepciona usted -dijo el hombre de los mil rostros.
-No debe esperar otra cosa, si confía en locos sólo por dinero -intervino el comisario.
-¡Basta! -gritó colérico el conde-. Nadie me llama loco. No toleraré esta falta de respeto.

ÜBUNG 94 !

Übung 94: Ersetzen Sie durch ein Personalpronomen!

1. Con una sonrisa de perturbado apuntó **a Phantom.** →

   Con una sonrisa de perturbado le apuntó.

2. Es tiempo de que el conde pague **a Phantom** lo que le debe.

   ....

   ....

3. El conde aprovechará para librarse de **algunos testigos incómodos**.

   ....

4. Al decir esto, miró **a Bea y al comisario.**

   ....

5. El hombre de los mil rostros dijo **al conde** que lo había decepcionado.

   ....

   ....

6. El comisario se lamenta de haber tenido que robar **el cuadro.**

   ....

-Está como una cabra -dijo Bea en voz baja.
El conde la oyó y se volvió hacia ella furioso.
El comisario García no dejó pasar la oportunidad.
Antes de que el conde pudiera hacer nada, sacó del bolsillo de su chaqueta una pequeña cápsula.

*Übung 95: Welche Bedeutung hat das Präsens in folgenden Sätzen? **Präsens**, **V**ergangenheit oder **Z**ukunft?*

1. El comisario no dejó pasar la oportunidad. De repente sacó del bolsillo una pequeña cápsula. ☐
2. Buenos Aires es la capital de Argentina. ☐
3. 1.492 es un año importantísimo: Colón descubre América. ☐
4. El año que viene, España asume la presidencia europea. ☐
5. Después de la Guerra Civil, muchos intelectuales españoles se refugiaron en México. ☐
6. El lunes no podré ir a tu casa porque nos vamos de excursión con el colegio. ☐
7. La semana próxima vienen unos amigos de visita. ☐
8. El País es el periódico más leído en España. ☐
9. ¿Qué haces esta tarde? ☐
10. ¿Estudias o trabajas? ☐
11. El año que viene me voy a Lima a estudiar. ☐

Era la granada de humo que el comisario había traído del Museo. Antes de que el conde pudiera reaccionar, García arrojó la cápsula al suelo.

Primero salió un poco de vapor, y en seguida se produjo una espesa niebla. En unos segundos se llenó la habitación de humo.

Casi instantáneamente, Bea avanzó un paso y propinó al conde un gancho de mandíbula.
El comisario intuyó entre la niebla cómo el conde se caía al suelo.
-¡Bea! ¡Los gorilas! -gritó el comisario.
En ese momento se abrieron las puertas del salón y entraron los guardaespaldas. Durante un momento no vieron sino niebla.
El comisario, Bea y Phantom aprovecharon su confusión. Antes de que pudieran sacar sus armas, se lanzaron sobre ellos.

ÜBUNG 96

Übung 96: Beantworten Sie kurz die Fragen zum Text!

1. ¿Quiénes están pintados en el cuadro que trae el comisario?

2. ¿Por qué demuestra esto, según el conde, que él puede ser el rey de España?

3. ¿Para qué quiere el conde de Torrealba matar a Phantom, a Bea y al comisario?

4. ¿Cómo consigue evitar el comisario que el conde dispare a Bea?

5. ¿Por qué no pudo intentar Bea librarse por sí sola del conde?

6. ¿Qué quiere Phantom después de entregar el último cuadro?

Por suerte los gorilas, aunque fuertes, eras muy torpes. Bea tumbó a uno con una llave de judo.
El segundo intentó defenderse del comisario, pero éste, que había aprendido ya algo de Bea, con una llave lo derribó al suelo.
-Muy bien, comisario -dijo Bea radiante-. Veo que aprende rápido.
El comisario García también estaba sorprendido. En los entrenamientos comunes con Bea nunca había conseguido hacer bien esta llave. Y ahora la había puesto en práctica inconscientemente.
-Gracias, Bea. Salgamos de aquí. No podemos respirar este humo mucho tiempo. Me tienes que explicar cómo se ha organizado un lío tan grande por estos cuadros.
-Con mucho gusto ... -dijo Bea riendo.

Übung 97: Formen Sie um!

ÜBUNG 97 !

un lío grande → *un gran lío*

1. un hombre bueno

2. un policía malo

3. una ciudad grande

4. Vivo en el piso primero. ____________________

5. Mi novia vive en el piso tercero. ____________________

____

La joven policía se disponía a contarlo todo, cuando una voz aguda, alta, nerviosa la interrumpió.
-¿Cómo os habéis atrevido a ponerme la mano encima, a mí, al Rey?
El conde de Torrealba había recuperado el conocimiento. En medio de la pelea con los guardaespaldas, nadie había notado cómo se volvía a levantar y agarraba de nuevo la pistola.
Ahora estaba delante de los dos policías. Y les apuntaba.
La niebla se había deshecho casi por completo. Y al comisario García no le quedaban más ases en la manga.
El comisario García miró con horror la pistola empuñada por un loco.
Estaba seguro de que esta vez no dudaría en disparar.
Un disparo ensordecedor cruzó el salón.
Se acabó, pensó el comisario. Lamentaba no haber podido salvar a Bea.

ÜBUNG 98 !

Übung 98: Formen Sie das Passiv – wie im Beispiel – in die Ersatzform mit ***se*** *um!*

1. Un espeso humo es producido. → *Se produce un espeso humo.*

2. En el Rastro son vendidas muchas obras robadas.

____________________.

3. En Madrid son alquiladas pocas viviendas.

____.

4. En Hispanoamérica es escrita muy buena literatura.

____.

5. El presidente es elegido cada cuatro años.

____.

6. La Guerra Civil española fue desarrollada entre 1936 y 1939.

____

____.

Pero en ese mismo instante, alguien empujó a Bea y al comisario. Ninguno de los dos había notado cómo Phantom presenciaba la escena, y en el momento del disparo se lanzó hacía ellos, tumbándolos en el suelo.
El comisario García pudo escuchar el silbido de la bala por encima de su cabeza.
-¡No! -gritó el conde fuera de sí-. ¿Qué es esto?
Inmediatamente, Phantom arrebató de un golpe el arma al conde.
-Ha intentado engañarme, no lo olvide -dijo el hombre de los mil rostros-. Puede que sea un ladrón, pero no un asesino. No podía permitir que los asesinara. Y menos sabiendo que yo sería el siguiente.
-Gracias -dijo García-. Nos has salvado la vida. Pero mucho me temo que tendremos que detenerte. Por robo y secuestro.
Phanton contestó con una sonrisa.
-Creo que lo vamos a dejar para la próxima vez -dijo. Y arrojó al conde contra García. Los dos cayeron al suelo.

*Übung 99: **Por** oder **para**?*

1. Mucho me temo que le tendremos que detener ______ secuestro y robo.
2. Creo que será mejor dejarlo ______ la próxima vez.
3. ¿Dónde vas? Si vas ______ casa, dale esta carta a papá.
4. ¿A papá? ¡Esa carta es ______ mí!
5. Si digo que tienes razón es ______ no llevarte la contraria.
6. Juan ha aceptado el trabajo sólo ______ ganar dinero.
7. ______ mañana se prevén lluvias en toda la península.
8. ¡Claro que gano dinero! ¡No trabajo ______ amor al arte!

Visto y no visto, Phantom se había subido a la ventana del salón. Se volvió a Bea y al comisario, que se levantaba del suelo.
-Ha sido un placer conoceros -gritó-. ¡Hasta la vista!
Y dando un salto, desapareció en la oscuridad.
-Seguro que nos volvemos a ver -dijo el comisario.
Tarde o temprano sus caminos se volverían a cruzar.
Pero ahora había problemas más urgentes.
Bea estaba esposando al conde.
-Déjame -gritaba-. Estás hablando con el futuro rey de España. ¡Ese cuadro lo demuestra!

Übung 100: Ergänzen Sie ***pero, aunque, para,*** *oder* ***si****!*

1. ______ Bea habla con el futuro rey de España, no se deja impresionar por las amenazas.
2. No vengas, ____ no quieres.
3. El comisario García robó el cuadro ____ salvar a Bea.
4. Phantom es un ladrón peligroso, ____ Bea no tiene miedo.
5. ___ consigue demostrar su teoría, el conde de Torrealba será rey de España.
6. Phantom quiere que el conde le dé el dinero ____ marcharse cuanto antes.

Bea no se dejaba impresionar por las amenazas. De todas formas, miró al comisario preocupada.
-¿Y si tiene razón? ¿Es de verdad el cuadro una prueba válida de que el conde es el legítimo heredero al trono? Tendríamos un problema.
El comisario García miró el cuadro que el mismo había robado del museo.
Se echó a reír.
-¿Qué pasa? -preguntó Bea-. ¿Ha perdido usted también la cabeza?
-No te preocupes, Bea -respondió el comisario. Señaló el cuadro-. Mira aquí. Este loco ha intentado matarnos, y lo único que ha conseguido es arrebatarse a sí mismo el título de rey ...
El dedo del comisario apuntaba al centro del cuadro. El conde, al disparar, había alcanzado el lienzo. La bala había atravesado justo la cabeza del antepasado del conde. En su lugar sólo quedaba un agujero.

ÜBUNG 101

Übung 101: Formen Sie das Perfekt in ein ***indefinido*** *um!*

El conde ha intentado matarnos. → *Aye*

1. Una bala ha atravesado el lienzo.

   Ayer ______.

2. El comisario ha llegado a tiempo para salvar a Bea.

   Cuando todo estaba perdido, ______
   ______.

3. Esta tarde me ha mandado un mensaje al móvil.

   El mes pasado ______
   ______.

4. Hoy he visto pasar a los bomberos por mi calle.

   El año pasado ______
   ______.

5. Este año ha ganado las elecciones el PSOE.

   Hace cuatro años ______
   ______.

6. Hoy no he tenido ningún fallo en los ejercicios.

   Cuando empecé a estudiar español, ______
   ______.

7. Nunca he probado el caviar.

   El verano pasado ______
   ______.

8. Hoy han echado una peli por la televisión que me ha puesto muy triste.

Ayer fui a ver una peli al cine, que ______________________

____.

Bea no pudo evitar reírse.
-Este cuadro no prueba ya nada. Pero con un poco de suerte, a lo mejor consigue tener súbditos en el manicomio, señor Conde.
El conde de Torrealba miraba el cuadro destruido con los ojos vidriosos.
-No, no, no, esto no puede ser, no puede ser -decía una y otra vez -. Yo soy el rey de España ...
El espectáculo casi movía a compasión.
Bea dejó al conde sentarse, maniatado, en una silla. Ya no podía ir muy lejos.
-¿Qué hacemos ahora, comisario? -preguntó.
-Creo que voy a llamar a nuestros compañeros. Me temo que tengo que explicarles algunas cosas. Luego podemos registrar el palacio. Seguro que aquí tiene que haber al menos una despensa. No nos vendría mal comer alguna cosa ... algo así como un tentempié de medianoche. Me parece que nos lo merecemos.
Bea se reía.
-Esta vez, comisario, y sin que sirva de precedente, haré la vista gorda.

FIN

Abschlusstest

Übung 1: Setzen Sie die Verben in der richtigen Form des Präsens ein!
(encargarse, interesarse, llegar, querer, ser, soñar, escaparse, trabajar)

Phantom (1) __________ un conocido criminal británico. El inspector Hudson lo detiene, pero él (2) __________ de la cárcel. ¿Cómo? Fabrica una máscara en su celda y se hace pasar por el vigilante. Huyendo de la policía, (3) __________ a España. El conde de Torrealba le paga para robar unos cuadros de un pintor mediocre del siglo XVIII. Un tal Fuente. El comisario García y Bea, que (4) __________ habitualmente en Barcelona, van a Madrid. Ellos (5) __________ del caso. Pronto descubren que tienen un problema: Phantom anda detrás de los robos. Tardan mucho más en enterarse de por qué el conde (6) __________ tanto por los cuadros de Fuente: (7) ____________________ con ser rey de España, y (8) __________ demostrarlo utilizando como prueba una de las pinturas.

Übung 2: ***Ser*** *oder* ***estar****?*

1. Madrid ____ la capital de España.
2. Barcelona ____ cerca del mar.

3. Los Reyes Magos ____ tres: Melchor, Gaspar y Baltasar.

4. ¿Vienes de la peluquería? ¡____ muy guapa!

5. No podemos comprar pan. ____ domingo y ____ todo cerrado.

6. -¿Quién ____ el señor ese de la barba? -¿El que ____ con el profesor? Creo que ____ el director del colegio.

7. ¿____ muy difícil aprender español?

8. -¿Qué te pasa? ¿____ enfadado conmigo? -No. Perdona, pero por las mañanas siempre ____ de mal humor.

9. ¡Mamá ha hecho un pastel que ____ buenísimo!

10. Juan ____ muy trabajdor, pero ____ cansado hoy.

11. ¿Te has enterado de que Luisa ____ embarazada?

12. ¡Uy! ¡No llegamos al teatro! ¡____ muy tarde!

*Übung 3: **Estar** oder **hay**?*

1. ¿Perdone, ¿Dónde ____ el cuarto de baño?

2. ¿Podría decirme dónde ____ un buzón cerca?

3. El Museo del Prado ____ en Madrid.

4. En Bilbao ____ un museo de arte contemporáneo.

5. ¿Dónde ____ la Sagrada Familia? En Barcelona.

Übung 4: Setzen Sie die reflexiven Verben ein!

Yo por las mañana (1. levantarse, yo) ____________ temprano. Siempre tengo poco tiempo. Así que ____________ (2. ducharse) rápido, ____________ (3. vestirse), desyuno y ____________ (4. lavarse) los dientes. A veces desayuno con mi mujer, que también ____________ (5. levantarse) temprano, pero normalmente ella ____________ (6. ducharse) antes que yo, y ____________ (7. irse), porque su lugar de trabajo está más lejos.

Übung 5: Verbinden Sie die Sätze mit dem Relativpronomen!

1. Tengo en casa una mesa. Ya no uso la mesa.

   ____.

2. Busca en un diccionario las palabras. No entiendes esas palabras.

   ____.

3. He visitado al doctor. Me recomendaste ese doctor.

   ____.

4. ¿Habéis encontrado la pulsera? Perdisteis la pulsera.

   ____.

5. Le hemos comprado un juguete al niño. María ha tenido un niño.

   ____.

6. Mi madre guarda el traje. Con el traje hice la Primera Comunión.

____.

7. El diputado ha hecho una propuesta. Mucha gente ha seguido la propuesta.

____.

Übung 6: Setzen Sie die Verben in den passenden Vergangenheitszeiten ein!

1. El año pasado __________ (conocer) a una chica en Asturias.
2. Hoy __________ (levantarse) muy tarde, porque __________ (acostarse) a las tres de la noche.
3. El curso pasado me __________ (quedar) tres asignaturas.
4. Cuando llegué a casa, ya __________ (hacer, ella) la cena.
5. Fuimos al cine, pero cuando llegamos, ya __________ (empezar) la película.

Übung 7: Setzen Sie die fehlenden Konjunktionen ein! ***(que, si, cuando)***

1. El comisario García sabe ______ Phantom es un criminal peligroso.
2. ______ entrenas mucho, estarás en buena forma.

3. ______ se bajaron del avión, lo primero que les llamó la atención fue el calor que hacía.

4. El conde de Torrealba quiere probar ______ él es el rey de España.

5. Phantom pide al comisario ______ robe el cuadro del Museo.

6. ______ empezó a llover, estábamos todavía en la calle.

Übung 8: Benutzen Sie den Imperativ (Befehlsform)!

¿No has comprado pan? → *No, cómpralo tú, por favor.*

1. ¿No has traído el vino?

   No, ______________________________.

2. ¿Le has dado el biberón al niño?

   No, ______________________________.

3. ¿Has bajado la basura?

   No, ______________________________.

4. ¿Habéis limpiado el salón?

   No, ______________________, vosotros.

*Übung 9: Setzen Sie die Präpositionen **a**, **de**, **en**, **para,** oder **por** ein!*

1. Vivo _____ Hamburgo desde hace tres años.
2. Hacer deporte es bueno _____ adelgazar.
3. _____ invierno los días son más cortos.
4. En el buzón hay una carta _____ ti.
5. _____ ir a casa, paso _____ el parque.
6. La semana que viene me voy _____ vacaciones.
7. El dinero es _____ construir un tren de alta velocidad _____ Madrid _____ Barcelona.
8. No tengo conexión _____ Internet.
9. _____ Nochevieja los españoles comen 12 uvas.
10. Me voy _____ casa. Es muy tarde y no me gusta conducir _____ noche.

Übung 10: Was passt? Kreuzen Sie an!

1. ¿Qué hora es?
   a) ☐ Son la una.
   b) ☐ Es la una.
   c) ☐ Son la una y media.
2. No hay __________ razón para no estudiar gramática.
   a) ☐ alguna
   b) ☐ nada
   c) ☐ ninguna

3. ¿______ cuestan las manzanas? Cinco euros el kilo.

a) ☐ Cómo

b) ☐ Cuánto

c) ☐ Qué precio

4. ______ ir a Marruecos, tienes que pasar ______ Algeciras.

a) ☐ Para – por

b) ☐ Por – por

c) ☐ Por – para

5. Hoy hace ______ buen tiempo.

a) ☐ muy

b) ☐ mucho

c) ☐ nada

6. -¿Me enseñas la cocina nueva? -Sí, ______

a) ☐ a ti enseñola.

b) ☐ la te enseño.

c) ☐ te la enseño.

7. ¿Qué estás haciendo ahora?

a) ☐ Leo el periódico.

b) ☐ Estoy en la lectura del periódico.

c) ☐ Estoy leyendo el periódico.

8. ¡Me he dejado el boli en casa!

a) ☐ No te preocupes, usa el mi bolígrafo.

b) ☐ No te preocupes, usa el mío.

c) ☐ No te preocupes, usa el mi.

9. Por favor, ¿puede repetirme la pregunta?

a) ☐ Sí, puedo repetírtela.

b) ☐ Sí, puedo repetírsela.

c) ☐ Sí, puedo repetirla a usted.

10. ¿Cuándo _____ tu cumpleaños?

a) ☐ tiene

b) ☐ hay

c) ☐ es

Übung 11: Ergänzen Sie die Lücken! Achten Sie auf die Verbzeiten!
(al campo, muy, a, más sana que, a veces, a mí, le, tener que, ser, recordar, mis, montarse, a un río, al lado, llenar, pero, al, levantarse, comprar)

(1)_____________ perfectamente que, cuando (2)_____________ pequeños, mi padre siempre nos llevaba, a mis hermanos y a mí, (3)_____________.

Mis tíos, Matilde y Raúl, (4)_____________ una casa en un pueblo, y (5)_____________ íbamos a pasar algunos días de vacaciones.

Además de la casa, mis tíos habían adquirido un establo que estaba al lado. Y lo (6)_____________ de patos, pollos, palomas y hasta un par de cerdos. (7)_____________ me gustaban mucho los animales, (8)_____________ a mí hermana no (9)_____________ gustaban nada. Le daban miedo.

Nos lo pasábamos (10) _____________ bien, todos juntos allí.

(11) __________ tarde y nos íbamos a nadar (12) __________ que había (13) __________.

Además, la comida era (14) __________ en la ciudad. (15) __________ tíos compraban siempre en el pueblo.

Por eso nos daba mucha pena (16) __________ irnos. Ninguno quería (17) __________ en el coche para volver (18) __________ piso de Madrid.

Volver a casa, era, además, regresar (19) __________ las clases del colegio.

Lösungen

Übung 1: 1. – 2. un 3. un 4. – 5. del (de-el) 6. El 7. el 8. las 9. al (a-el) 10. al (a-el) 11. una 12. -
Übung 2: 1. la comisaria de policía 2. la joven oficial de policía 3. la vendedora 4. la pescadera 5. la mujer gorda 6. la periodista elegante
Übung 3: pequeño (puesto), grande (bocadillo), sospechoso (individuo), gris (traje), adecuada (ropa), azul (camisa), gastados (vaqueros), roja (gorra), marrón (bolsa), grande (botella)
Übung 4: era mucho más joven, Está bien, está todo en orden, estaba muy tranquilo/ ¡Ahí estaba!, ¡Ésa era la estatuilla!, Era el momento, Estaban a un par de pasos, Bea era más rápida, Están ustedes detenidos, era moreno, estaba pálido, estaba furioso, como si fuera, ¿estás herida?
Übung 5: 1. El hombre está lejos del puesto. 2. La estatuilla está fuera de la bolsa. 3. Bea entra en el mercado. 4. Bea corre ante el ladrón. 5. El pescado está debajo del mostrador. 6. Hay un hombre detrás del banco.
Übung 6: 1. es 2. es 3. está 4. es 5. está 6. es 7. está 8. está
Übung 7: al otro lado del puente, por otro puente, hacia el ladrón, en una ratonera, De frente, Por el otro lado, hacia él por debajo del puente, tras la barandilla del puente, en la cubierta del barco, en medio del puente, por debajo de ellos, tras la barandilla del puente, a bordo del barco
Übung 8: 1. años 2. talones 3. dura 4. estrellas 5. soy 6. izquierdo 7. pero
Übung 9: 1. sus ayudantes 2. las muchachas alemanas 3. los barcos muy alargados 4. los puentes sobre el canal 5. las eternidades 6. las formaciones 7. los ladrones rápidos 8. los piratas
Übung 10: 1. tenía 2. tenéis 3. Tenemos 4. tienes
Übung 11: 1. móvil 2. chaqueta 3. decepcionado 4. arte 5. vivir 6. ciuiad – Lösungswort: Madrid
Übung 12: 1. Bea prefiere el frío al calor. 2. El comisario prefiere el vino a la cerveza. 3. Bea prefiere la cerveza al vino. 4. El comisario prefiere el café al té. 5. Bea prefiere el té al café.
Übung 13: se montaron, preguntó, sacó, leyó, preguntó, respondió, notó, preguntó, respondió, se lamentó, se levantó, reinó, preguntó, fue, hizo, exclamó, se echó, estudié
Übung 14: 1. c 2. b 3. a 4. c
Übung 15: se han terminado, ha ganado, te ha parecido, Hemos llegado, ha habido
Übung 16: 1. duele 2. duermen 3. sueña 4. se encuentra 5. Os acordáis 6. pueden
Übung 17: 1. ya 2. rápidamente 3. absolutamente 4. apenas 5. muy 6. especialmente 7. en persona
Übung 18: 1. usted 2. conocerlo 3. conocerla 4. ustedes 5. le 6. le 7. le
Übung 19: 1. contento 2. famoso 3. lo 4. bien 5. ser 6. comer 7. azul
Übung 20: 1. Alguien lo ha robado … 2. Les han asignado el caso. 3. Las tengo en la

galería. 4. Lo he colgado para tapar... 5. He colgado el cuadro para taparlo. 6. Nadie hoy en día la conoce.

Übung 21: 1. discretamente 2. rápidamente 3. exactamente 4. fríamente 5. seguramente 6. cómodamente 7. enérgicamente

Übung 22: sé, único, policía, máquina, qué, más, día, razón, asintió, pinchó, ratón, después, aparecía

Übung 23: comí: se acercó, tuvo, preguntó, miró, dijo, fue, tuvo, se protegieron, he comido: ha encontrado, he leído, he dado comía: estaba, había, se oía, seguía, estaba, disfrutaba

Übung 24: 1. muy 2. muy 3. muy 4. muy 5. mucho 6. muchos 7. muy 8. muchos 9. mucho

Übung 25: 1. Estuve en Madrid hace dos años. 2. ¿Has estado alguna vez en el Rastro? 3. Vivo en Barcelona desde hace tres años. 4. No vengo a Madrid desde que era pequeño. 5. Te espero desde las tres. 6. Tengo un trabajo nuevo desde agosto. 7. Te espero desde hace dos horas.

Übung 26: 1. su 2. su 3. tu 4. su 5. vuestra 6. su 7. nuestra

Übung 27: 1. escoba 2. estatua 3. señora 4. pueblo 5. poco 6. vista 7. puesto

Übung 28: 1. ese 2. aquel 3. esta 4. este 5. aquel 6. estos

Übung 29: 1. b 2. c 3. a 4. b 5. c

Übung 30: 1. usted 2. Ese 3. Debo 4. robaron 5. hay 6. Por qué 7. Porque

Übung 31: 1. gafas 2. gente 3. campo 4. mujer 5. árbol 6. pareja

Übung 32: 1. cogió 2. dejó 3. Puedo 4. cogió 5. ha podido (usted) 6. preguntó 7. respondió

Übung 33: Juan lleva puesto un traje azul marino. 2. ¿Qué corbata te vas a poner para ir esta tarde a la ópera? 3. Pilar fue a la boda con un sombrero verde muy elgante. 4. No puedes ponerte calcetines blancos con esos zapatos. 5. Marina lleva todos los días pantalones 6. Los hombres ya no llevan sombrero.

Übung 34: 1. c 2. e 3. a 4. g 5. b 6. h 7. f 8. d

Übung 35: 1. h 2. d 3. f 4. g 5. i 6. e 7. a 8. b 9. j 10. c

Übung 36: 1. b 2. c 3. a 4. b

Übung 37: 1. Lo 2. lo 3. consigo 4. le 5. se lo 6. lo 7. le

Übung 38: piensa, son, creo, está trabajando, es, buscamos, estamos andando, estoy, tiene, estoy pensando, trae, tiene, invito, debo, tengo, es

Übung 39: 1. preguntó 2. respondió 3. Ha encargado (usted) 4. entraban 5. cubría 6. se acercó 7. Descubrió 8. abrió 9. empujó 10. tuvo 11. he pedido

Übung 40: 1. – 2. déjeme verlo 3. compórtese con tranquilidad 4. piénsalo dos veces 5. dame el número de teléfono (dámelo) 6. cogedlo hacia Sol 7. déjame los vaqueros (déjamelos)

Übung 41: 1. sobre 2. encima 3. por 4. sobre 5. en 6. en medio del 7. encima del 8. en

Übung 42: 1. c 2. e 3. d 4. b 5. f 6. a

Übung 43: 1. - 2. roto 3. dolido 4. mentido 5. leído 6. dormido 7. dicho

Übung 44: 1. a 2. c 3. b 4. c 5. c 6. a

Übung 45: 1. había ninguna 2. quiero decir nada 3. tengo ninguna (explicación) 4. he visto a nadie 5. hay ninguna (posibilidad) 6. hay ningún hotel cerca

Übung 46: tenía, se había detenido, colgaban, mostraban, entendía, había reunido, sentía, sabía, había hecho, era, podía, se había puesto, se había escapado, acababa, había encomendado, era, necesitaba, Llevaba, Era

Übung 47: 1. El cuadro es suyo. 2. El dinero no es mío 3. Los problemas son tuyos. 4. ¿Los pantalones son míos? 5. Este caso ya no es suyo. 6. ¿Este bolígrafo es tuyo? 7. El regalo es vuestro. 8. ¿La cama es suya?

Übung 48: 1. éste 2. éste 3. ese 4. este 5. eso 6. este

Übung 49: va a ser, no será un problema, le va a costar más, seré, le conseguiré, me tendrá que ayudar, no será, Tendrá, no me quedará

Übung 50: 1. quedará 2. será 3. será 4. dará 5. saldrá 6. Robará 7. Podrán

Übung 51: 1. en 2. con 3. con 4. de 5. En 6. en 7. en 8. de (desde) 9. con 10. Con 11. a

Übung 52: 1. La muchacha 2. de verdad 3. la casa 4. la pantalla 5. lienzos 6. el ladrón 7. una mujer 8. Un compañero

Übung 53: 1. Está hablando 2. Estoy trabajando 3. Se está ocupando (usted) 4. está dedicando 5. están robando 6. estamos trabajando

Übung 54: 1. Me apetece comprarla. 2. Quiero contarla. 3. Me gusta tomarlo con leche. 4. Quiero terminarlos esta tarde. 5. Nos gustaría aprenderlo bien.

Übung 55: 1. cayó 2. conduje 3. doy 4. hizo 5. pude 6. podré 7. vais 8. irá 9. saldrás 10. fue 11. vengo 12. traigo 13. trajiste

Übung 56: 1. El comisario García está trabajando en un despacho que le han dejado sus colegas de Madrid. 2. El comisario García ha llamado al inspector Hudson que conoce bien a Phantom. 3. Phantom es un criminal británico que se ha escapado de la cárcel. 4. Phantom está robando en Madrid los cuadros de Fuente que aparentemente no tienen ningún valor.

Übung 57: 1. c 2. f 3. g 4. h 5. i 6. e 7. d 8. a 9. j 10. b

Übung 58: 1. a 2. c 3. c 4. b 5. a 6. c 7. a

Übung 59: 1. El comisario sigue al ladrón. 2. Bea recoge al comisario en un cuarto de hora. 3. El comisario mira a Bea, que sale del bar. 4. Estoy esperando a un amigo. 5. Juan se enfadó mucho y golpeó a Pedro. 6. Mañana voy a visitar el Museo del Prado. 7. Estoy viendo las plantas del jardín.

Übung 60: 1. doscientos once 2. docientos trece 3. mil quinientos 4. el siglo diecisiete 5. segundo piso 6. diez euros con cincuenta y seis céntimos 7. en el año mil novecientos ochenta y cinco 8. en mil cuatrocientos noventa y dos 9. Felipe segundo 10. en dos mil cuatro 11. Juan Carlos primero 12. Pío doce 13. un millón 14. undécima planta 15. diez y media 16. doce menos cuarto

Übung 61: 1. le gusta hacer deporte. 2. al comisario no le gusta hacer régimen. 3. al comisario le gustan los edificios antiguos. 4. no le gusta que el comisario hablo mucho de arte. 5. y al comisario no les gustan los cuadros de Fuente. 6. (Sí/No), a mí (no) me gusta hacer deporte. 7. (Sí/No), a nosotros (no) nos gusta aprender español.

Übung 62: 1. se fue 2. se subió 3. se quitó 4. nos dormimos 5. se ha tropezado y se ha roto 6. fuisteis

Übung 63: 1. c 2. d 3. e 4. b 5. f 6. g 7. a
Übung 64: 1. abrió 2. se montó 3. podía 4. arrancó 5. tuvo 6. conducía 7. se levantó 8. ha pasado 9. pisó 10. se saltó 11. iba
Übung 65: 1. b 2. c 3. c 4. c 5. c 6. a 7. b 8. a 9. c
Übung 66: 1. falso 2. verdadero 3. falso 4. falso 5. falso 6. verdadero 7. verdadero 8. falso
Übung 67: 1. por 2. para 3. por 4. para 5. para 6. por
Übung 68: subió, bajar, ha pasado, se encaminó, llegar, se puso a subir, Llegó, entraba, se apresuró
Übung 69: 1. – 2. ¡Qué cansada estoy! 3. ¡Qué recurso tan ruin! 4. ¡Qué horror! 5. ¡Qué ciudad tan ruidosa! 6. ¡Qué chica tan guapa! 7. ¡Qué calor hace!
Übung 70: 1. podía 2. podía 3. tenía que (tendría que) 4. poder 5. Quería 6. quería 7. tenía que
Übung 71: 1. Cuando el teléfono sonó, me estaba lavando los dientes. 2. Cuando llegaste a casa, estaba durmiendo y no te oí. 3. Cuando fuimos al restaurante, los camareros estaban recogiendo las mesas. 4. Cuando por fin encontré tu portal, la fiesta ya estaba acabando. 5. Cuando me levanté, estaba amaneciendo. 6. Cuando mi novia llamó a la puerta, me estaba afeitando.
Übung 72: 1. en forma 2. dormir 3. policía 4. hermana 5. máscara 6. amable
Übung 73: 1. francamente 2. para 3. por 4. De 5. de 6. casi 7. ante 8. pronto
Übung 74: 1. más bajo que – bajísimo 2. más antiguo que – antiquísimo 3. más amplio que – amplísimo 4. mayor (más grande) que – grandísimo 5. mejor que – buenísimo 6. peor que – pésimo (malísimo) 7. más rápido que – rapidísimo 8. más dulce que – dulcísimo 9. más largo que – larguísimo
Übung 75: 1. c 2. b 3. a 4. a 5. b
Übung 76: había dejado, se había dado cuenta, habían estado de moda.
Übung 77: podamos, esté, explique, necesite
Übung 78: 1. puede 2. tienes 3. desea 4. Tiene 5. Tienes 6. te gusta 7. Puede
Übung 79: 1. – 2. El palacio en el que vive el conde está lujosamente decorado. 3. El conde conduce a Bea a una sala en la que están los cuadros robados. 4. En la sala hay dos guardaespaldas con los que Bea no había contado. 5. Phantom espera la hora acordada en la que el comisario le traerá el cuadro. 6. El comisario ya tiene un plan con el que robará el cuadro del Museo.
Übung 80: 1. alquilar 2. furgoneta 3. ordenador 4. taller 5. impresora 6. carné de conducir 7. rellenar 8. aparcamiento
Übung 81: 1. giró 2. estaba 3. Era 4. había 5. dejó 6. había contado 7. había planeado 8. pasó 9. aparcó 10. Tuvo 11. cerró 12. anduvo
Übung 82: 1. Cuando el comisario subió a la habitación, Phantom ya había raptado a Bea. 2. Cuando llamó por teléfono, ya me había acostado. 3. Cuando bajó al restaurante, el comisario ya se había comido las tortitas. 4. Cuando Patricia fue a la universidad, aún no había cumplido los 18 años. 5. Cuando Phantom se escapó de la cárcel, aún no había cumplido la condena.
Übung 83: 1. Está 2. Soy 3. está 4. Hay 5. está 6. había 7. está

Übung 84: 1. Z 2. V 3. Z 4. V 5. Z 6. Z 7. V 8. V 9. Z
Übung 85: 1. sistema (dispositivo) de alarma 2. cáspula de humo 3. joyería 4. sistema antirobo 5. Museo de la Ciudad (Municipal) 6. piezas expuestas 7. hueco para aparcar (hueco libre) 8. llaves del coche 9. carné (permiso) de conducir
Übung 86: 1. c 2. d 3. a 4. b
Übung 87: 1. falso 2. falso 3. verdadero 4. verdadero 5. falso 6. verdadero 7. falso
Übung 88: la historia que los cuadros, el conde de Torrealba, que era antepasado, con detalles que no comprenderá, las reglas que determinan, Bea, que se sentía algo mareada, el cuadro que está a punto de traerme, es la prueba que me falta
Übung 89: 1. c 2. c 3. a 4. a 5. c 6. b
Übung 90: 1. cursi 2. rostro 3. segundos 4. saludo 5. noticia 6. dinero 7. carcajada 8. sonrisa
Übung 91: 1. No lo comas. 2. No me lo des. 3. No te subas. 4. No lo intentes. 5. No te levantes pronto. 6. No pase al salón. 7. No me diga la verdad.
Übung 92: dijo, explico, dijo, decir, dijo, responder
Übung 93: 1. – 2. El recepcionista del hotel (le) dice al comisario que no ha visto a su compañera. 3. Bea (le) pregunta al conde qué tienen los cuadros de Fuente de valiosos. 4. El comisario decide que robará el cuadro para salvar a Bea. 5. El conde explica que puede aspirar al Trono de España. 6. Phantom y el comisario piensan que el conde está loco. 7. El comisario le pregunta a Bea si se encuentra bien. 8. Phantom dice que quiere su dinero. 9. Todos piensan que el conde saca un fajo de billetes.
Übung 94: 1. – 2. Es tiempo de que el conde le pague lo que le debe. 3. El conde aprovechará para librarse de ellos. 4. Al decir esto, los miró. 5. El hombre de los mil rostros le dijo que lo había decepcionado. 6. El comisario se lamenta de haber tenido que robarlo. (de haberlo tenido que robar).
Übung 95: 1. V 2. P 3. V 4. Z 5. V 6. Z 7. Z 8. P 9. Z 10. P 11. Z
Übung 96: 1. La reina Isabel de Farnesio y un amante suyo, antepasado del actual conde de Torrealba. 2. Porque el amante era un antepasado del conde, y las reglas de la sucesión al Trono le favorecen. 3. Para evitar testigos. 4. Con una cápsula o granada de humo que se guardó al desactivar la alarma del Museo Municipal. 5. Por la presencia de los dos guardaespaldas. 6. Cobrar el dinero e irse.
Übung 97: 1. un buen hombre 2. un mal policía 3. una gran ciudad 4. Vivo en el primer piso. 5. Mi novia vive en el tercer piso.
Übung 98: 1. – 2. En el Rastro se venden muchas obras robadas. 3. En Madrid se alquilan pocas viviendas. 4. En Hispanoamérica se escribe muy buena literatura. 5. El presidente se elige cada cuatro años. 6. La Guerra Civil española se desarrolló entre 1936 y 1939.
Übung 99: 1. por 2. para 3. para 4. para 5. por 6. para 7. para 8. por
Übung 100: 1. Aunque 2. si 3. para 4. pero 5. si 6. para
Übung 101: 1. Ayer una bala atravesó el lienzo. 2. Cuando todo estaba perdido, el comisario llegó a tiempo para salvar a Bea. 3. El mes pasado me mandó un mensaje al móvil. 4. El año pasado vi pasar a los bomberos por mi calle. 5. Hace cuatro años

ganó las elecciones el PSOE. 6. Cuando empecé a estudiar español, no tuve ningún fallo en los ejercicios. 7. El verano pasado probé el caviar. 8. Ayer fui a ver una peli en el cine que me puso muy triste.

Lösungen Abschlusstest

Übung 1: 1. es 2. se escapa 3. llega 4. trabajan 5. se encargan 6. se interesa 7. sueña 8. quiere
Übung 2: 1. es 2. está 3. son 4. Estás 5. Es está 6. es está es 7. Es 8. Estás estoy 9. está 10. es está 11. está 12. Es
Übung 3: 1. está 2. hay 3. está 4. hay 5. está
Übung 4: 1. me levanto 2. me ducho 3. me visto 4. me lavo 5. se levanta 6. se ducha 7. se va.
Übung 5: 1. Tengo en casa una mesa que ya no uso. 2. Busca en un diccionario las palabras que no entiendes. 3. He visitado al doctor que me recomendaste. 4. ¿Habéis encontrado la pulsera que perdisteis? 5. Le hemos comprado un juguete al niño que ha tenido María. 6. Mi madre guarda el traje con el que hice la Primera Comunión. 7. El diputado ha hecho una propuesta que ha seguido mucha gente.
Übung 6: 1. conocí 2. me he levantado, me acosté 3. quedaron 4. había hecho 5. había empezado
Übung 7: 1. que 2. Si 3. Cuando 4. que 5. que 6. Cuando
Übung 8: 1. No, tráelo tú, por favor. 2. No, dáselo tú, por favor. 3. No, bájala tú, por favor. 4. No, limpiadlo vosotros, por favor.
Übung 9: 1. en 2. para 3. En 4. para 5. Para por 6. de 7. para de a 8. a 9. En 10. a de
Übung 10: 1. b 2. c 3. b 4. a 5. a 6. c 7. c 8. b 9. b 10. c
Übung 11: 1. Recuerdo 2. éramos 3. al campo 4. habían comprado 5. a veces 6. habían llenado 7. A mí 8. pero 9. le 10. muy 11. Nos levantábamos 12. a un río 13. al lado 14. más sana que 15. Mis 16. tener que 17. montarse 18. al 19. a